片岡伸行

神々のルーツ

「祈りの場」から見た古代日本

新日本出版社

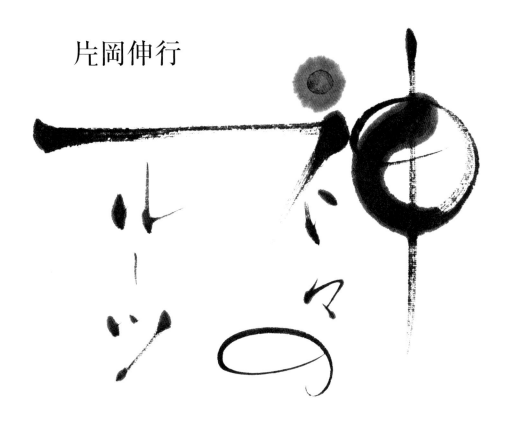

タイトル書　優和恵

はじめに

私は、ユーラシア大陸の8割を占めるアジアの東端にある日本という国で生まれ育った。かつては大陸との行き来も容易であったであろう海峡を挟んで小さな島々が列をなす島国である。

世界史の時代区分とは異なり、列島では旧石器時代の最終氷期を生き抜いた人々によって縄文時代という名称の時代が約1万年続いた。地球規模の温暖化を背景に、各地にできた定住集落で土器が作られ、おそらくは300超の世代がそこで生まれ死んだ。その後、寒の戻り（寒冷期）もあったが、紀元前10世紀頃から稲作・青銅器・鉄器などが朝鮮半島を経由して流入してくると、それらのモノと人と技術によって、やがて列島の画期をなす弥生時代が始まる。

人知の及ばない自然への畏怖《いふ》や感謝、先祖を敬う気持ち、平穏の生活や自らの希望の実現を願う心……。特定の宗教を信仰していなくても、「祈り」という行為は人類の普遍的な所作であろう。縄文時代の土器や土偶の中には、日常生活とは切り離された、いわゆる普段使い（実用）ではない形状のものが見られる。よく知られている「火焔《かえん》型土器」（新潟県笹山遺跡）や「縄文のヴィーナス」と呼ばれる土偶（長野県棚畑遺跡）などである。いずれも今から5000年（±500年）ほど前の縄文時代中期のものであるが、これらは祭祀《さいし》や呪術のために用いられたと考えられている。私たちの先祖である縄文の人々の「原初の祈りの姿」がそこに見える。

本書で扱うのは、それから数千年を経た弥生時代あたりからであるが、中心となるのは古墳時代以降、平安時代まで続く「古代」と呼ばれる時期の「祈りの場」である。数々の文献や史料が残されている近世・近代はともかく、「奈良時代以前は闇の中」などと言われるように、古代日本の歴史は霧に包まれている。神話・伝説色の強い『古事記』が712年、政治的思惑の色濃い『日本書紀』が720年と、日本のカギカッコ付き「歴史」を文字で記録した史料が登場するのは8世紀初めのことだ。それ以前の列島の実像を明らかにするのは容易なことではない。

それでも先人たちは、数少ない文献・史料に基づき、考古学などの力を借りながら、神話と事実を選《よ》り分けて、さまざまな視点から古代日本の姿を明らかにしようとする試みを続けてきた。本書はそうした先達の知見の上に成り立っている。そもそも私は歴史の専門家でも研究者でもなく、いわゆるジャーナリズムの世界で「事実」を扱う記者稼業を生業《なりわい》としてきた。神話・伝説の大半は虚構であろうが、注意深く見ればその中に一定の事実が横たわっているのではないかとも思える。もとよりそれを実証することは極めて困難だが、事実の向こうに見える朧《おぼろ》げな真実の姿に迫ろうというのが本書の試みである。

さて、古代において祭祀と統治は同義であった。祭祀権を持つ者が武力を背景にした統治者であったということだ。その祭祀の場である列島各地の神社がいつ頃からできたのか明確になっていないが、その原初の姿を探る手がかりはある。神社という「祈りの場」を通して見たとき、そこに立ち現れる古代日本の姿はどのようなものなのか。そうした疑問や好奇心に突き動かされながら先人の知に触れ、全国各地の神社などを巡り、取材を重ねてきた。祀《まつ》られている祭神や創建時のエピソードなどを辿《たど》っていくと、やがてパズルが少しずつ埋められるように古代日本の成り立ちが浮き彫りになってきた。本書はそのレポートである。

結論を言えば、列島は朝鮮半島を中心とした大陸からの移民による入植・開拓の地ではないかということだ。国の形も国境もない時代に列島に移住してきた人々による営為と、それ以前に列島にいた人々との融合によって現在の日本という国の礎がつくられた。先進技術を携えて海を渡り来た人たちは「クニ」をつくり、社会を形成してゆく。その拠点にあるのが「祈りの場」である。古代は単に過去の出来事の集積ではない。その暗がりから発せられる微かな光は、私たちの生きる現在を照射している。古代は現代を映す鏡なのである。

本書を手にする読者諸氏が批判的な眼をもって読み進め、かつ、しばしの古代への旅を楽しんでいただけたら望外の喜びである。

2023年11月　東京にて。片岡伸行

※本書は、全日本民主医療機関連合会発行の月刊誌『いつでも元気』二〇二二年一月号〜二〇二三年一二月号に掲載された連載を土台に加筆・修正したものです。

※本書収録写真は、特記しない限りすべて著者の撮影・提供によるものです。

序章

偽装された「祈りの場」

1

天皇主権時代の神社
～明治神宮、靖国神社

初詣、合格祈願、縁結び。多くの人が訪れる神社だが、その起源や歴史はあまり知られていない。よく「神道や神社は日本固有のもの」などと言われるが、果たしてそうだろうか。古代から近代に至るまで、「祈りの場」はさまざまな変遷を遂げてきた。古代の暗がりに分け入る前に、まずは近代の姿から見ていこう。

鬱蒼《うっそう》たる境内の森。広い参道をゆくと、重厚な拝殿が立ち現れる。毎年のように初詣客数トップを記録する「明治神宮《めいじじんぐう》」（東京都渋谷区代々木）。１９２０年（大正９年）創建と歴史の浅いこの神社は明治天皇を祀《まつ》り、近代から現代にかけての「天皇主権」の時代を象徴する場所の一つである。

1920年創建の明治神宮（東京・代々木）。写真は「内拝殿」

1879年に「東京招魂社」から改称した靖国神社（東京・九段）

異常な56年間

〈大日本帝国は万世一系《ばんせいいっけい》の天皇これを統治す〉。１８８９年に公布された大日本帝国憲法第1条はそう記す。しかし、それ以前の日本は天皇主権の社会ではなかった。「将軍」（征夷大将軍《せいいたいしょうぐん》）が政《まつりごと》を治め、事実上の主権者であった。最初の将軍は１１９２年に鎌倉幕府を開いた源頼朝、最後の将軍は１８６７年に退いた江戸幕府の徳川慶喜《とくがわよしのぶ》。足利《あしかが》氏を挟んで計40人の将軍がいた約７００年の間、天皇や朝廷は京都にいて年号制定などの仕事をしていた。政治の実権は対外的に「日本国王」と称した将軍の側にあったのである。

私たちは、１９４５年の敗戦によって「象徴天皇制」になったと理解しているが、実はそれ以前も象徴天皇制のような時代が７００年も続いたのだ。大日本帝国憲法ができてから敗戦に至るまでの56年という短い「天皇主権」の時代が、いかに異常な時代であったかが分かる。

〈表1〉 **「国民の祝日」と皇室神道（祭祀）**

月	2023年の祝日	戦前の祝祭日	現在の主な皇室祭祀
1月	1日＝元日 2日＝振替休日 9日＝成人の日	1日＝四方節	四方拝《しほうはい》（1日）早朝に天皇が伊勢神宮と四方の神々を遥拝 元始祭《げんしさい》（3日）皇位を祝し国家国民の繁栄を祈る 昭和天皇祭（7日）皇霊殿で祭典
2月	11日＝建国記念の日 23日＝天皇誕生日	11日＝紀元節	祈年祭（17日）年穀豊穣を祈願 天長祭《てんちょうさい》（23日）天皇誕生日の祭典
3月	21日＝春分の日	21日＝春季皇霊祭	春季皇霊祭（21日）皇霊殿でご先祖祭
4月	29日＝昭和の日	29日＝天長節 （昭和天皇誕生日）	神武天皇祭（3日）皇霊殿で祭典
5月	3日＝憲法記念日 4日＝みどりの日 5日＝こどもの日		なし
6月	なし		香淳皇后祭（16日）皇霊殿で祭典 大祓《おおはらえ》（30日）皇族と国民のためのお祓い
7月	17日＝海の日	※20日＝海の記念日 （1996年から祝日）	明治天皇例祭（30日）皇霊殿で祭典
8月	11日＝山の日		なし
9月	18日＝敬老の日 23日＝秋分の日	23日＝秋季皇霊祭	秋季皇霊祭（23日）皇霊殿でご先祖祭
10月	9日＝スポーツの日		神嘗祭《かんなめさい》（17日）新穀を供え神宮を遥拝する祭典
11月	3日＝文化の日 23日＝勤労感謝の日	3日＝明治節 23日＝新嘗祭	新嘗祭《にいなめさい》（23日）新穀物を供え食す祭典
12月	なし		賢所《かしこどころ》御神楽《みかぐら》（中旬）夕刻から御神楽奉奏 大正天皇例祭（25日）皇霊殿で祭典 節折（31日）天皇のためのお祓い 大祓（31日）皇族と国民のためのお祓い

※「現在の主な皇室祭祀」は宮内庁のホームページ「主要祭儀一覧」により抜粋
※7月20日は明治天皇が「明治丸」で東北から横浜港に着いた日

靖国神社中門鳥居と拝殿正面

天皇主権の「国体」に利用されたのが、明治から昭和にかけての神社の姿だった。代表的な施設が１８７９年に「東京《とうきょう》招魂社《しょうこんしゃ》」から改称した、東京・九段の「靖国神社《やすくにじんじゃ》」である。天皇と国に殉じた軍人・軍属を祀るため「戦争神社」とも呼ばれる。A級戦犯を祀り、侵略戦争を美化するような主張をしているためか、天皇は１９７５年を最後にここを訪れていない。

　国民主権となった現在であるが、〈表１〉に示したように「国民の」でなく「天皇家の」儀式（＝皇室神道）に関わる祝日が過半数ある。２０２３年の「国民の祝日」は17日あるが、うち９日が戦前の皇室祭祀《さいし》に伴う祝祭日や記念日である。しかも、紀元節こそないが、現在の天皇による主要祭儀を見ると、戦前を継承していることが分かる。私たちはまだ「異常な56年間」の時代精神の中に浸かっているかのようである。

2

消えた「権現社」の謎
～高来神社、根津神社、浅草神社

かつて全国各地に「権現社《ごんげんしゃ》」と呼ばれる神社があった。その名称が消えてしまった理由はあまり知られていない。明治期に発せられた神仏分離令。これによって「祈りの場」も〝偽装〟されたのである。

たなびく雲の彼方に浮かぶ伊豆の島影。大磯《おおいそ》の海岸に古代、朝鮮半島の高句麗《こうくり》（高麗《こま》）から船で流着した一団が上陸した。目の前の山は高麗山《こまやま》と名付けられ、その麓（現在の神奈川県中郡大磯町高麗2丁目）に、明治維新前には高麗《こま》権現社と呼ばれた高来《たかく》神社がある。高麗、高来という字はともに、音読みだと「こうらい（高麗）」になる。

〈坂を降りて左側の鳥居を這入《はい》る。花崗岩《かこうがん》を敷いて

高麗山を背にした高来神社はかつて高麗権現社と呼ばれた

箱根連山を望む大磯海岸

「三社祭」で知られる東京・浅草の浅草神社もかつては三社権現社と呼ばれていた

ある道を根津神社《ねづじんじゃ》の方へ行く〉
森鷗外《もりおうがい》の長編『青年』にある根津神社（東京都文京区）の描写である。20代後半の鷗外はここへ徒歩で行ける上野・不忍池《しのばずのいけ》近くに居住した。根津神社もまた明治維新前は根津権現社という名称であった。

　初夏の風物詩「三社祭《さんじゃまつり》」で知られる東京・浅草の浅草神社も、かつての名は三社権現社だった。三社とは、創建時の逸話にある「檜前浜成《ひのくまはまなり》・竹成《たけなり》兄弟と土師真中知《はじのまなかち》」といういずれも朝鮮半島系の姓を持つ「三者」のことだ。この「檜前」「土師」という名は第4章でも出てくる。

　これら「権現社」の呼称はなぜ消えてしまったのだろう。

神仏分離令と「国家神道」

　日本では古代から1000年以上も、神と仏を一緒にして敬《うやま》う神仏習合の時代が続いてきた。実際、皇室の菩提寺《ぼだいじ》は京都市にある泉涌寺《せんにゅうじ》である。しかし、明治維新政府は神と仏を分離させ、神道を優遇する神仏分離令（神仏判然令）を1868年に布告する。仏教を排除（＝廃仏毀釈《はいぶつきしゃく》）し、神社と神職の国家支配を進め、神社神道と皇室神道を結びつけた、祭政一致の国家神道を偽装的につくり上げた。

　神社の歴史も偽装された。具体的には祭神および社名の変更だ。これにより、権現という名称は消去されたのである。権現とは「日本の神々は仏教の仏が仮の姿で現れたもの」（＝本地垂迹《ほんじすいじゃく》説《せつ》）との意味だ。「仏の仮の姿」というのが気に食わなかったのだろうか。神（すなわち現人神＝

かつて根津権現社と呼ばれていた根津神社（東京都文京区）の境内にある乙女稲荷神社

天皇）を仏の上に置きたかったのだろう。こうした例は全国各地にあり、白山権現《はくさんごんげん》社も白山神社に強制的に名称を変えさせられた。名称というのは歴史を背負っている。その歴史を抹殺したに等しい。

名称だけではない。古来それぞれの起源や歴史を背負って祀られていた祭神も、日本神話に基づく祭神に変えさせられた。その事例は第2章で紹介する。

神話と洗脳の時代

天皇主権の時代は「天孫降臨」などの神話を信じないと非国民とされ、不敬罪で処罰された。天皇暗殺を謀《はか》ったとして幸徳秋水《こうとくしゅうすい》ら12人が処刑された事件は「大逆《たいぎゃく》事件」（1910年）と呼ばれる。当時、軍医総監だった鷗外がこの事件を受けて発表したのが短編『かのやうに』である。

軍人政治家である上司の山縣有朋《やまがたありとも》の依頼で「危険思想対策」として書かれたとの説がある。小説は神話と事実の間で悩む歴史学者が主人公だ。学問を重んじる立場では非科学的な神話を信じることはできないが、突き詰めていくと〝危険思想〟になるため、結局は神話を事実である「かのように」受け止めるという内容である。

歴史学者の直木孝次郎氏はこれを、鷗外の「妥協的な立場をとっていることの釈明」あるいは「当時の保守思想界に対する痛烈な皮肉」などと捉えている（※）。が、殺されたり処罰された人にとっては、「天孫降臨」を消極容認し否定することができなかったインテリの「釈明」などを聞いても傷口に塩を塗り込むようなものだろう。

頭脳明晰であったろう鷗外でさえこうなのだから、一部の人たちを除いて、多くの人は「天孫降臨」を信じ込まされた。これを洗脳という。鷗外に限ったことではない。この時代、専門家と称される歴史学者も宗教学者も文学者なども大半が洗脳の片棒を担いだのである。

こうして１９４５年の敗戦までの56年間に多くの人が歴史的・文化的に「かのように」洗脳され、現在も洗脳から解かれていない人が国政の場にいたりする。天皇のために死ぬことが美化され、多くの人が鳥居と呼ばれる結界をくぐり戦場に送られた。日本で３１０万人余が犠牲になり、アジアでは２０００万人超の命が奪われた。神社はその天皇制イデオロギーの思想的な装置とされたのである。

キリスト教や仏教などは教祖の教えを体系化した教義があるが、実は神道には定まった教義がない。その意味では、神道は宗教ではないことになる。では、そもそも神道とはなんなのか。神道誕生前夜の姿から見ていこう。

※ 直木孝次郎『日本神話と古代国家』講談社学術文庫、１９９０年。

◇コラム　日本人と宗教

文化庁の２０２２年版『宗教年鑑』によれば、２０２１年末現在、日本には約21万の宗教団体（宗教法人を含む）があります。そのうち神道系は約８万７０００、仏教系は約８万３９００、キリスト教系は約８５００、複合的な諸教が３万１０００ほど。不思議なことに、神道系と仏教系の信者数を足すと約１億８０００万人近くで、日本の人口をはるかに超えてしまいます（＝表2）。つまり、寺の檀家であり、神社の氏子というダブルカウントしている家が数千万あるということです。しかし、ＮＨＫ放送文化研究所による２０１８年の調査では、日本人の６割以上の人が「信仰宗教なし」と回答しています。一体どちらが本当なのでしょう。

「初詣は神社、結婚式は教会、葬式はお寺」。日本人の不可解な行動様式はそう揶揄《やゆ》されますが、実際そのとおりの状況です。クリスチャンではないのにケーキを食べてキリストの誕生日を祝ったり、寺の檀家になっているのにお釈迦さんの誕生日である花祭りを知らない人が多いでしょう。日本人に宗教心・信仰心はあるのかないのか、これはこれで文化人類学上の題材になりそうです。日本人はある時期に「祈りの場」を失ったのではないでしょうか。

全国の主な神社と系列社の数を〈表3〉にまとめました。大分県宇佐市にある宇佐神宮《うさじんぐう》を総本宮とする「八幡《はちまん》さん」が約４万社と最も多く、次いで「お稲荷《いなり》さん」と呼ばれる京都の伏見稲荷大社を総大社とする稲荷社が約３万２０００社。「お伊勢さん」と総称される神明社《しんめいしゃ》が1万８０００社、「諏訪神社」が1万数千、「学問の神様」菅原道真《すがわらみちざね》を祀った「天神《てんじん》さん」が1万５００社。これがトップ5です。以下、表にあるような神社が全国各地にあります。みなさんの地元にもここに挙げた系列神社があるのではないでしょうか。地域の「氏神さん」などと呼ばれる小さな祠《ほこら》だけのものを含めると、全国にある神社は10万とも11万とも言われます。私たちが利用するコンビニエンスストアの約2倍の数です。神社が列島の民と共に歩んできた歴史を物語るようです。

〈表 2〉 現在の宗教施設と信者数

神道系約8万 7000、仏教系約 8 万 3900、信者数は 1 億 8000 万人?

宗教の種類	宗教団体数	信者数・人	備　考
神道系	87072	8723万6585	うち神社本庁7万8482社
仏教系	83988	8324万2856	浄土系2198万人、日蓮系1056万人、真言系539万人
キリスト教系	8567	196万7584	教会2791カ所
諸教	31119	711万3088	教会1万3134カ所
合計	210746	1億7956万	日本の人口1億2494万人(2022年10月)

(文化庁・2022 年版『宗教年鑑』より)

〈表 3〉 有力神社と系列社数

「八幡さん」「お稲荷さん」「お伊勢さん」「諏訪神社」「天神さん」がトップ5

総称	総本社(本宮・大社)	主祭神	全国の数(概数)
八幡社	宇佐神宮(大分)	八幡神《やわたのかみ》(応神天皇《おうじんてんのう》) 比売神《ひめかみ》/神功皇后《じんぐうこうごう》	4万社※
稲荷社	伏見稲荷大社(京都)	宇迦之御魂神《うかのみたまのかみ》	3万2000社
神明社	伊勢神宮(三重)	天照大御神《あまてらすおおみかみ》	1万8000社
諏訪神社	諏訪大社(長野)	建御名方神《たけみなかたのかみ》	1万数千社
天神社	太宰府天満宮(福岡) 北野天満宮(京都)	菅原道真《すがわらみちざね》	1万500社
熊野神社	熊野本宮大社(和歌山)	家津美御子神《けつみみこのかみ》 (素盞嗚尊《すさのおのみこと》)	4700社
日吉・日枝・山王神社	日吉大社(滋賀)	大山咋神《おおやまくいのかみ》/大己貴神《おおなむちのかみ》	3800社
白山神社	白山比咩神社(石川)	菊理媛神《くくりひめのかみ》	2700社
八坂神社	八坂神社(京都)	素戔嗚尊《すさのおのみこと》(牛頭天王《ごずてんのう》)	2300社
住吉神社	住吉大社(大阪)	底筒男命《そこつつのおのみこと》 中筒男命《なかつつのおのみこと》/表筒男命《うわつつのおのみこと》	2100社
金比羅神社	金刀比羅宮(香川)	大物主神《おおものぬしのかみ》	1900社
浅間神社	富士山本宮浅間大社(静岡)	木花佐久夜毘売命《このはなさくやひめのみこと》 大山祇神《おおやまづみのかみ》	1300社
春日神社	春日大社(奈良)	武甕槌命《たけみかづちのみこと》/経津主命《ふつぬしのみこと》 天児屋尊《あめのこやねのみこと》/比売神《ひめのかみ》	1000社

※文化庁の 2022 年版『宗教年鑑』では「八幡神社は全国におよそ 2 万 5000 社」とされる

第１章

原初の神

1
原始神道の誕生前夜
~アジアの逆さ地図

神社の始まりとされるのが「原始神道」である。日本では「八《や》百《お》万《よろず》の神」というように太陽や森や石など、その全てに神や霊魂が宿ると考える自然崇拝の時代があった。そこから萌芽したのが「原始神道」だ。

紀元前の列島に来た人たち

誰でも自国を中心に物事を見たり考えたりしたくなるものだが、その見方を変えると別の世界が現れてくる。私たちが子どもの頃から見慣れた地図を逆さまにすれば、日本列島は中国大陸と朝鮮半島に張り付いた小さな島の連なりにすぎない。古来、大陸の東端にあるこの島々に、半島などを経由して人とモノが流入してきた。

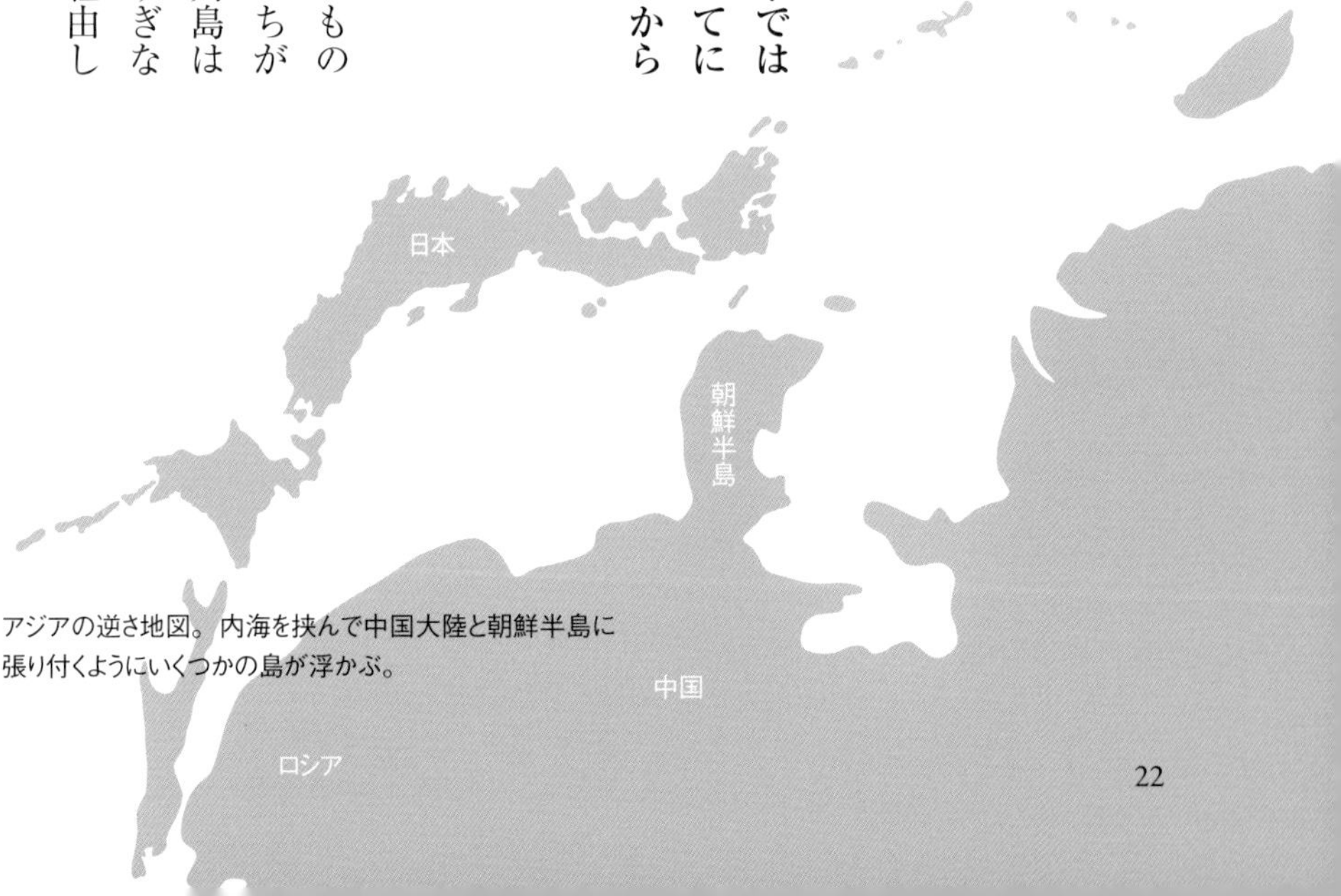

アジアの逆さ地図。内海を挟んで中国大陸と朝鮮半島に張り付くようにいくつかの島が浮かぶ。

列島での稲作は弥生時代もしくは縄文時代末期に北九州地方で始まった。佐賀県唐津《からつ》市の菜畑《なばた》遺跡から紀元前９３０年ごろ（紀元前10世紀）の列島最古の稲作遺跡が発掘されている。倭族《わぞく》（※1）のいた中国南部原産の短いイネは、朝鮮半島中南部（のちの伽耶《かや》もしくは加羅《から》）あたりから海を渡って九州地方にもたらされたとの説がある。唐津市の唐津はもともと「加羅津《からつ》」であり、「加羅」とは朝鮮半島南部にあった国で、加羅津とは「加羅に向かう港」という意味である（※2）。

列島最古とされる青銅器は古代「不弥国《ふみこく》」のあった福岡県福津《ふくつ》市の今川《いまがわ》遺跡から出土している。また、列島最古の鉄器は「伊都国《いとこく》」のあった同県糸島《いとしま》市の曲《まが》り田《た》遺跡から発掘されている。いずれも弥生時代前期末頃までに半島経由で流入したと考えられる農具や武器である（※3）。

このように文明社会の基盤となる稲も青銅も鉄も、中国大陸を源流に朝鮮半島を経由し船で北九州地方などにもたらされた。弥生時代とは１８８４年（明治17年）に現在の東京都文京区弥生で発掘された土器にちなむ呼称だが、その中心は九州北部である。当然ながら、モノや技術だけが勝手に入ってくるわけでなく、それを持った人が移り住むことでモノや技術が定着する。これが原始神道誕生前夜の列島の姿である。

多民族の列島で萌芽

「神社は日本民族固有のもの」などと言う人がいるが、そもそも「日本民族」という単一の民族も人種も存在しない。列島にはアイヌ民族や琉球民族などが先住し、中国大陸や朝鮮半島からも多くの人が移住してきた。国境もなく国家という概念もない時代に、人々は船や徒歩などで移動を繰り返し、この列島に行き着いて暮らしていたのである。

日本人はモンゴロイド（黄色人種）の一員である。赤ちゃんのお尻に「蒙古斑《もうこはん》」と呼ばれる薄青色のあざが見られるのがその特徴だ。ＤＮＡの解析から見ても、日本列島に住む人たちの持つＤＮＡは朝鮮半島や東北アジアなど東アジアの広い地域の人々に共有されており、地理的に近い集団ほど類似した遺伝子情報を持つことが明らかになっている。縄文、弥生、古墳といった各時代に大陸や半島などから列島に流入した民が次々と融合・混血した結果、現在の日本人になっているのだ（※４）。純粋に一系（単一）の日本人など存在しない。「日本は単一民族の国家」などと臆面《おくめん》もなく発言する政治家がいるが、無知も甚だしいものだ。原始神道はそうした多民族の列島の中で萌芽したのである。

※１　倭族　現在の中国江南地方で水稲栽培に成功し、東南アジアの広域に移住した人々。倭族の中で朝鮮半島を経て縄文晩期に日本に渡って来たのが弥生人とされる。鳥越憲三郎『古代中国と倭族　黄河・長江文明を検証する』（中公新書）などに詳しい。
※２　上垣外憲一『倭人と韓人　記紀からよむ古代交流史』講談社学術文庫、２００３年。
※３　春成秀爾「弥生青銅器の成立年代」２００７年３月、那須浩郎「雑草からみた縄文時代晩期から弥生時代移行期におけるイネと雑穀の栽培形態」２０１４年７月、李昌熙「韓半島における初期鉄器の年代と特質」２０１４年２月、いずれも国立歴史民俗博物館研究報告。
※４　篠田謙一『日本人になった祖先たち　ＤＮＡから解析するその多元的構造』ＮＨＫブックス、２００７年。

2 森や山を「ご神体」に
～三輪山、大神神社、沖縄の御嶽（美崎御嶽、宮鳥御嶽）、朝鮮半島の堂・チャンスン

先進技術を持って列島で暮らし始めた人たちは故郷の山河や祖先を思い偲《しの》んだことだろう。先祖を祀り、亡くなった人を埋葬する、いわゆる原始神道はこうして始まったと思われる。「鎮守の森」というように、当初は森や山自体がご神体だった。これを「神奈備《かんなび》」という。

「神」（カム）と「熊」（コム）

列島最古の神社とされ、ヤマト王権成立以前からの往古《おうこ》の歴史をもつ奈良県桜井市の大神神社《おおみわじんじゃ》は古来、本殿を設けず、三輪山《みわやま》自体がご神体であった。大神神社ではそれを〈神社の社殿が成立する以前の原初の神祀りの様〉と「由緒」で記している。

古代は神を「かむ（かん）」と発音し、アイヌ語の「カムイ」もまた神という意味だ。また、アイヌの人たちの神は「熊」だが、古朝鮮の建国神話（檀君《タングン》神話）にも神的な存在として「熊」が登場する。人間に化身した熊女から生まれた檀君が古朝鮮の王になるという伝説である。「熊」は朝鮮・韓国読みで「コム」と発音する。神の古語が「クム」「クマ」だとされる由縁であろう

か。「熊」と言えば、全国に約4700社あるとされる熊野神社の総本宮・熊野本宮大社《くまのほんぐうたいしゃ》（和歌山県田辺市）を想起するが、熊がいないはずの沖縄にも熊を題材にした民話（熊女房）が伝わる。島に流れ着いた王が熊を伴侶とし、王子が生まれる話で、朝鮮半島とのつながりが示唆される。この「コム（熊）」が「かむ（神）」に転訛したのであろうか。

その「かむ（かん）」に朝鮮・韓国語で国を意味する「ナラ」（나라）をつけると「かんなら」「かむながら」。かむながらとは奈良時代まで使われていた古語で「神の心のままに」という意味だ。このように、当時の倭国《わこく》、朝鮮半島、アイヌ民族の言葉は重なり合っていた。重なり合っていたのは言葉だけではない。「祈りの場」にも一定の連関が見いだせる。

沖縄の聖林・御嶽

沖縄県には「御嶽《うたき》」と呼ばれる聖地があり、そこもまた森の一角が祈りの場である。石垣島、竹富島など八重山地方では「おん」、黒島、小浜島などでは「わん」、波照間島では「わー」、宮古島などでは「すく」と呼ばれる。

御嶽は、祭祀の日以外、地元の人であっても立ち入りが禁止されている祈りの空間だ。「イビ」と呼ばれる聖林内に入ることができるのは神に仕える女性だけ。男性の進入は一定の区域しか認められていない。御嶽も大神神社同様、拝殿ないし建造物内に「ご神体」は存在しない。イビ自体が「神の聖所」。つまり、神奈備である。

石垣島の港近くにあり航海の安全を祈願する「美崎御嶽《みさきおん》」は琉球王国（1429～1879年）

『万葉集』にも歌われる三輪山の遠景

列島最古の神社とされる奈良県の大神神社の拝殿。背後にある三輪山自体がご神体なので「本殿」はない

大神神社入口

とのつながりで第3代国王・尚真王《しょうしんおう》（在位１４７７〜１５２７年）時代に創建されたと伝わるが、「祈りの場」としての起源はもっと古くに遡るのではないか。周囲に石垣が巡り、中央部には拝殿にあたる拱式《きょうしき》（アーチ）の石門。その奥のイビ全体を包み込み、内部への進入を阻むかのようにハスノハギリやガジュマル、ヤンバルアカメガシワなどの樹々が生い茂っている。

石垣４カ村発祥の伝承をもつ「宮鳥御嶽《みやとりおん》」は、地元では「メートゥルオン」などと呼ばれ、字石垣の豊年祭をはじめとする年中行事の舞台となる。６月の豊年祭には神酒奉納（ミシャグパーシィ）、巻き踊り、棒術、獅子舞などの伝統芸能が繰り広げられる。

竹富島には固有の「ウブ開き」という儀式があり、イビの内部（ウブ）に入る際、３枚のフクギの葉で地場と空間を清める（※１）。神道でもサカキが地鎮祭で場を清めるのに用いられ、玉串《たまぐし》奉奠《ほうてん》でも枝葉を使う。このように森を聖地とした御嶽が「祈りと祭り（伝統芸能）の空間」を形成しているのは、列島各地にある神社と共通している。

堂、チャンスンとの類似

朝鮮半島の先にある済州島《チェジュトウ》には「堂」と書いて「タン」と呼ばれる聖地があり、やはり大木や森を祈りの場とする。韓国中西部の京畿道《キョンキド》はかつての百済《くだら》の都があった地だが、５世紀半ばに高句麗《こうくり》に併合され、６世紀半ばには新羅《しらぎ》の領土になるなど複雑な変遷を重ねた。古代史家の鳥越憲三郎氏はこの京畿道を中心にして、村の入口に「チャンスン」と呼ばれる結界を示す造作物が立っているのを確認している（※２）。「天下大将軍・地下女将軍」と墨書され、上部に奇怪な人面を施した2本の丸太（杙《くい》）を立て、村に侵入する邪霊を追い払うために建てられるのがチャンスンである。第4章で紹介する高麗神社《こまじんじゃ》のある西武池袋線高麗駅（埼玉県日高市）前の広場にも、「天下大将軍・地下女将軍」と書かれ、人面を施した魔除けの「将軍標」が立つ。また、朝鮮半島には中国から伝わった「城隍神《ソンハンシン》」と呼ばれる地域の守り神を祀る場もあった。

列島の原始神道はそれら御嶽や堂《タン》などのバージョンの一つに見える。「共通の要因もあるが、異なる要因もあって結論は出ない」とする専門家もいるようだが、もちろん異なる点もあるだろう。しかし、次の似通っている風習をどう捉えたらよいのであろう。

済州島の堂は周辺の木々に布を巻き付けて垂らし、城隍神も樹木などに白紙や縄を張り巡らせる。チャンスンもまた丸太の周囲に立てた木に注連縄《しめなわ》を巡らせるが、驚くことに木の先端には木製の鳥の形象物をつける。つまり、鳥が居る（＝鳥居）のである。列島の神社や祭りでも白半紙を折った紙垂《しで》や注連縄を張って結界を設ける。そして、神社入口に建てるのが（鳥の形象物はないが）鳥居である。これは単なる偶然なのだろうか。

原始神道の姿を概観してきたが、時代はいよいよ古代へと移る。古代とは、日本の場合、古墳時代の西暦200年代半ばから平安時代までの約800年間である。

神話と事実が入り混じっている『古事記《こじき》』『日本書紀《にほんしょき》』『続日本紀《しょくにほんぎ》』をはじめ、限られた史料をもとに神道および神社の姿を見てゆくと、この国の歴史・成り立ちと密接に関わっていることが分かる。この国と関わりがあるということは、列島に生きる私たち自身と関わりがあるということだ。すなわち、神道・神社について誤った認識をしていたり事実と異なることを信じていたら、

沖縄・石垣島の「美崎御嶽」（上）と「宮鳥御嶽」（下）

美崎御嶽の森

美崎御嶽石組み

この国の成り立ちを誤解、曲解していることになる。とりもなおさずそれは、私たち自身の本当の姿を見失っていることにもなる。

では、古代の暗がりに分け入ってみよう。

※1　李春子『八重山の御嶽――自然と文化』榕樹書林、2019年。

※2　鳥越憲三郎『古代朝鮮と倭族　神話解読と現地踏査』中公新書、1992年。

第2章

列島にやって来た神々

1 百済から来た海神
〜大山祇神社、三島鴨神社、三嶋大社、おのころ島神社、富士山本宮浅間大社、大山阿夫利神社

古代の朝鮮半島からの海路は対馬海流に乗って北九州や山陰、北陸へ至る「北ツ海《きたうみ》ルート」のほか、九州側から瀬戸内海を抜けて畿内《きない》に入る「瀬戸内海ルート」の大動脈もあった。海上交通の要所に「海の神」が祀《まつ》られている。

大山祇は「大和族の一派」

広島県福山市から高速バスで「しまなみ海道」に入り、瀬戸内海に浮かぶ島々を眺めながら走ること約1時間。愛媛県最北にして最大の島・大三島《おおみしま》に着く。

大三島は古来、「神の島」と呼ばれてきた。島のほぼ中央部に聳《そび》える鷲ヶ頭山《わしがとうざん》をご神体とするのが大山祇神社《おおやまづみじんじゃ》（愛媛県今治市《いまばり》大三島町宮浦）である。6世紀末の創建と伝わり、全国にある大山祇神社の総本社だ。大山祇神を祀る三島神社や山神社《やまのかみしゃ》は全国に1万社余りあるとされる。

古くは「大山積神社《おおやまづみ》」と記され、中世に伊予国《いよのくに》（現在の愛媛県）で最も社格の高い一宮《いちのみや》に。現在の社名になったのは明治時代の初めだ。祭神の大山積神《おおやまづみのかみ》は『記紀』では山の神であり、後述

愛媛県今治市の大三島にある大山祇神社

大山祇神社の拝殿正面

する『伊予国風土記』では海の神とされる。

岡山県吉備郡《きびぐん》教育会発行の『吉備郡史《ぐんし》』（1937年刊）に、〈大和《やまと》族とは大山祇、高千穂《たかちほ》、出雲《いずも》の3派〉とあり、大山祇は大和族の一派として最初に列島へ移住し各地に散った海神族《わたつみ》（海《あま》部《べ》）とされる。そもそもオオヤマツミはどこから来たのだろう。

百済からの渡海の神

『釈日本紀《しゃくにほんぎ》』（※1）に〈伊予国の風土記にいう〉として、こう記されている。〈大山積の神、またの名を和多志《わたし》（渡海）の大神《おおかみ》〉〈この神は百済《くだら》の国から渡っておいでになり、摂津《せっつ》の国の御島《みしま》においでになった〉（※2）
和多志の「ワタ」は海の古語で、古代朝鮮語でも「パタ」（ハタ）は海の意。オオヤマツミは、朝鮮半島西南部の百済から九州の北部を経て瀬戸内海ルートでやって来た大和族の一派が祀った海神《わたつみ》ということになる。
「摂津の国の御島」とは、現在の大阪府高槻市《たかつきし》三島江《みしまえ》。同地にある三島鴨《みしまかも》神社の祭神も「大山祇」である（※3）。社伝によれば、第16代仁徳《にんとく》天皇（4世紀末から5世紀前半に実在したとされる大王《おおきみ》）が淀川沿いに堤防を築く際、淀川鎮守の神として百済から遷《うつ》し祀ったと伝わる。古代の大阪湾にあった難波津《なにわのつ》（港）は瀬戸内海ルートで畿内（当時の首都圏）に入る玄関口で、大陸や半島からの船がここにやって来た。
伊豆半島の付け根（静岡県三島市）にある三嶋大社《みしまたいしゃ》の祭神も「大山祇」だ。瀬戸内海と同様に

「国生み」の発祥地・淡路島南あわじ市にあるおのころ島神社。大鳥居の高さは 21・7 メートル（7 階建てビルに相当）で日本最大クラス

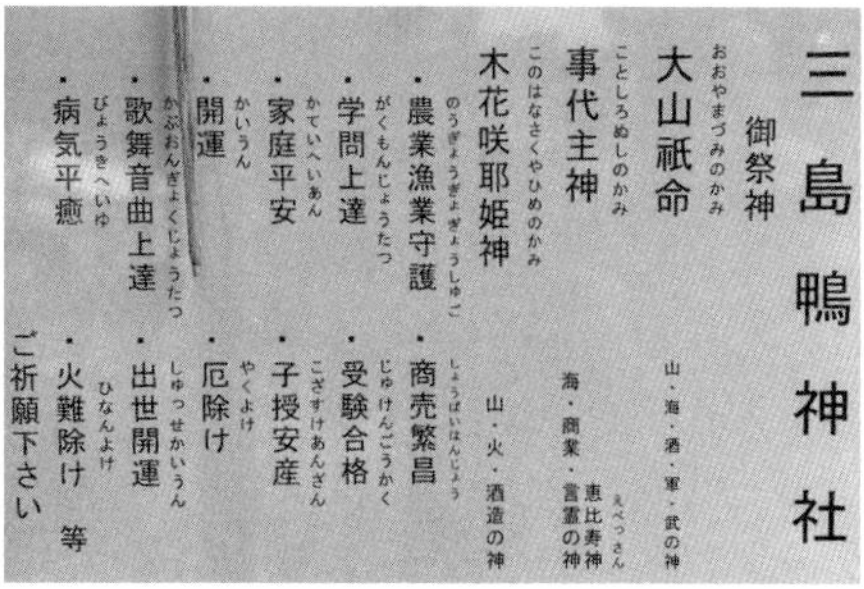

三島鴨神社に掲げられた祭神案内

島と海の国である伊豆国の造島神・航海神として祀られたのが起源とされ、大山祇神社との関係も指摘される。

海の民と国生み神話

日本神話では、列島の島々を創成したのはイザナギとイザナミ。兄妹の2人はやがて夫妻となって「大八島《おおやしま》」と呼ばれる8つの島などを次々に生んでいく（＝「国生み神話」）。2人が最初に生んだのが淡路島で、ここにイザナギとイザナミを祀るおのころ島《じま》神社（兵庫県南あわじ市）がある（※4）。2番目が「伊予之二名島《いよのふたなのしま》」（四国のこと）で、瀬戸内海の島々が「国生み神話」の発祥地ということになる。

1万年以上前の縄文時代初め、最終氷期が終わると気温が上昇し、地球規模での温暖化が進んだ。氷が溶けて海面も上昇し、

古代の畿内（首都圏）に入る瀬戸内海に浮かぶ島々

列島の島々に漁労や交易のために海洋民が船でやって来た。弥生期に稲や青銅・鉄が朝鮮半島経由で流入したのも海の民による船での渡来である。温暖化で植生の繁茂した道なき道（陸地）を進むより、船で沿岸や川、島々の間を移動する方がはるかに楽であったろう。

コロンブスがアメリカ大陸を〝発見〟したように、国生み神話は海の民による列島の発見譚《はっけんたん》を物語っているようだ。上陸した島や海近くの陸地・高台に、海路を見渡せる「祈りの場」を設けたのだろう。オオヤマツミは海神族の足跡を示す地に祀られているだけでなく、前述したように「山の神」ともなって、全国に約１３００社ある浅間《せんげん》神社の総本社・富士山本宮浅間大社《ふじさんほんぐうせんげんたいしゃ》（静岡県富士宮市）や大山阿夫利神社《おおやまあふりじんじゃ》（神奈川県伊勢原市）などにも祀られている。

※1　『日本書紀』の注釈書として鎌倉時代に編纂。全28巻。

※2　吉野裕訳『風土記』（平凡社ライブラリー）の「伊予国」より抜粋。

※3　同じく高槻市にある鴨神社の主祭神も「大山積」。

※4　おのころ島は「自凝島《おのころじま》」と表記され、「おのずと凝り固まった島」との意。

おのころ島神社拝殿

富士山を背にする富士宮浅間大社の大鳥居

2
出雲と新羅の縁結び
～出雲大社、韓竈神社、阿須岐神社、五十猛神社、韓神新羅神社

弥生時代以来、朝鮮半島から船で海を渡り、日本海側の「北《きた》ツ海《うみ》ルート」で多くの人が出雲地方に波状的にやって来た。新羅《しらぎ》から息子の五十猛《いそたける》と共に出雲に来たと『日本書紀』に記されるのが、神話上の皇室の先祖である素戔嗚《すさのお》である。

大国主と須勢理姫

「因幡《いなば》の白うさぎ」の神話で知られる大国主《おおくにぬし》は、幾多の試練を乗り越えて須勢理姫《すせりひめ》と結ばれ、国づくりを進める。やがて国中の神が出雲の地に集まるようになる。これが「縁結びの神」のゆえんである。大国主との良縁を築いたスセリ姫は、新羅

出雲大社八足門と本殿

出雲大社の入口

出雲大社境内にある因幡の白兎像

山陰本線から見た日本海

韓国伊太氏神社を合祀する阿須岐神社拝殿と本殿（左)、玉作湯神社の本殿裏側（右)

から来て出雲の祖神となった素戔嗚の娘である。

では、そもそも素戔嗚はなぜ出雲にやって来たのであろう。

素戔嗚と鉄

朝鮮半島南部（新羅《しらぎ》や加羅《から》）は紀元前から鉄の産地だった。当時の鉄は国力の象徴である。紀元前後（弥生時代後期）までに列島に鉄器が流入し「石から鉄へ」の転換がなされるが、列島内で独自の製鉄技術が開発されていくのは5〜6世紀ごろとされる。

出雲地方は日本独自の鉄づくり「たたら製鉄」で栄えた。砂鉄を原料に、木炭を燃やして溶けた鉄を取り出すのが「たたら製鉄」で、アニメ映画『もののけ姫』に出てくる「たたら場」のモデルになっている。大量の木炭を必要とすることから、朝鮮半島に比べて森林資源が豊富で、しかも良質の砂鉄の採れる出雲地方に朝鮮半島から製鉄集団がやって来たのだろう。

素戔嗚が出雲に着いてすぐ、「八岐大蛇《やまたのおろち》」を退治した神話は有名だ。切った大蛇の尾から取り出されたのは、のちに「草薙剣《くさなぎのつるぎ》」と呼ばれる鉄剣だった。まさに「鉄の獲得」を象徴するエピソードである。八岐大蛇は高志《こし》（現在の福井県から山形県にかけての北陸を中心とした地域）から来たとされる。北陸の勢力との砂鉄争奪戦があったのであろうか。

素戔嗚の「ス」と「サ」は鉄分を含む砂（砂鉄）を意味する朝鮮語から出た言葉とされ、素戔嗚は「製鉄の神」との説もある（※1）。つまり、素戔嗚は、中国大陸から半島に伝わった製鉄技術を列島にもたらした集団の長（ないし新羅の王族）であった可能性がある。

韓《から》の川とも読める出雲市唐川町《からかわちょう》に素戔嗚を祀る韓竈神社《からかまじんじゃ》があるのも象徴的だ。「竈」とは溶鉱炉のことで、「韓鍛冶《からかじ》」（「からかぬち」ともいう）と呼ばれる半島の技術者集団が祀った神社とされる。また、『出雲国風土記』の冒頭を飾る「国引《くにび》き神話」は、周辺の土地を綱で引き寄せて「国」にまとめる話であるが、最初にたぐり寄せられた土地が「志羅紀《しらぎ》」（＝新羅）だった。新羅と出雲との同族一体を物語る逸話のように思われる。

大国主と国譲り

素戔嗚の子孫とされる大国主が列島の国づくりをし、天孫族（のちのヤマト王権）に敗れて国の支配権を譲るという「国譲り神話」が『記紀』に出てくる。

神代《かみよ》（神々が支配した時代）の出来事になっているが、出雲国が実際にヤマト王権に服属し中央集権体制に組み込まれるのは5、6世紀ごろとされる（※2）。また、ヤマト王権側に抵抗し、列島各地に散った出雲族もいた。服属の条件として建てられたのが大国主を主祭神とする杵築大社《きずきたいしゃ》とされ、1000年以上を経た1871年（明治4年）に「出雲大社《いずもたいしゃ》」と改称した。

出雲にしかない「韓国伊太氏神社」

出雲大社のある出雲市大社町《たいしゃちょう》には、大国主の子と共に素戔嗚やその息子・五十猛《いそたける》などを祀る阿《あ》須《す》岐《き》神社《じんじゃ》があり、ここには「同社神《おなじやしろのかみ》」として韓国伊太氏神《からくにいたて》も祀られている。

素戔嗚の子とされる五十猛を祀る五十猛神社

この「韓国伊太氏」という不思議な名称の神社は出雲にしかなく、927年完成の『延喜式《えんぎしき》』神名帳によれば、阿須岐神社を含めて6社（玉作湯神社《たまつくりゆじんじゃ》、揖夜神社《いふやじんじゃ》、佐久多神社《さくたじんじゃ》、出雲神社、曽枳能夜神社《そしのやじんじゃ》）に祀られている。

伊太氏《いたて》とは五十猛《いたける》が変化したもので、「イタテ神は製鉄の神」との説がある（※3）。その五十猛を祭神とする五十猛《いそたけ》神社が山陰本線五十猛《いそたけ》駅近く（島根県大田市五十猛町《いそたけちょう》）にあり、同町大浦には素戔嗚を祀る韓神新羅《からかみしらぎ》神社もある。

このように、出雲国は新羅との強い結びつきで日本海側にヤマト王権に匹敵する一大文化圏を築いていたのである。

※1　吉野裕訳『風土記』（平凡社ライブラリー）の「出雲風土記」の注記。岡谷公二『伊勢と出雲』（平凡社新書）にも詳しい。
※2　水野祐『古代の出雲と大和』（大和書房）などに詳しい。
※3　上垣外憲一『倭人と韓人　記紀からよむ古代交流史』（講談社学術文庫）などに詳しい。同じ五十猛を祀る伊太祁曽《いたきそ》神社と伊達《いたて》神社（和歌山市）では製鉄に欠かせない「樹木の神」とされる。

3

北陸に来た〝額に角のある人〟

～氣比神宮、角鹿神社、信露貴彦神社、白城神社、新羅神社、比売語曽神社、比売古曽神社、比売語曽社、鏡神社、香山神社、出石神社、比売許曽神社

古代の九州、山陰、北陸地方は朝鮮半島からの海路の玄関口だった。まだヤマト王権の支配が北陸にまで及んでいない時期、高志国敦賀《こしのくにつるが》の地に、「額に角《つの》のある」異形の人が一隻の船に乗ってやって来た。

敦賀駅前に立つ「都怒我阿羅斯等」（ツヌガアラシト）の像。敦賀ライオンズクラブの結成20周年を記念し1982年に建てられた

加羅の国の王子

北陸本線敦賀《つるが》駅前に降り立つと、蒼古たる風貌の像が出迎えてくれる。台座には「都怒我阿羅《つぬがあら》斯等《しと》」の名が刻まれている。ツヌガアラシトとは何者なのか。

『日本書紀』垂仁《すいにん》の条はこう記す。

〈御間城天皇《みまきのてんのう》（＝後述する崇神《すじん》の名）の世に、額に角のある人が、一つの船に乗って、越国《こしのくに》の笥《け》飯《ひ》の浦《うら》に着いた。ゆえに、そこを名づけて角鹿《つぬが》という。〉

「どこの国の人か？」と尋ねると、「額に角のある人」はこう答える。

〈大加羅《おおから》（意富《おほ》加羅）の国の王の子、名は都怒我阿羅斯等《つぬがあらしと》〉……。

「牛頭《ごず》の冠」（※1）を被っていたので「角」に見えたのであろうか。それが地名の由来で、「角鹿」は敦賀の古名である。「笥飯《けひ》の浦」とは敦賀湾の気比《けひ》の松原あたりだ。

1世紀から6世紀中頃まで朝鮮半島南部にあった小さな国の連合体を伽耶《かや》または加羅《から》といい、なかでも有力な国を「大加羅」と称した。加羅や新羅《しらぎ》の最高の官位が「角干」で、日本風訓読みだと「ツヌカ（ン）」。これが「ツヌガ」の意味のようだ（※2）。

加羅諸国の南部の地域は「任那《みまな》」と呼ばれた。崇神は3世紀から4世紀前半の大和《やまと》地方にいた大王（※3）とされるが、その名が「御間城入彦《みまきいりびこ》」である。「任那から来て（＝ミマキ）婿《むこ》に入った（＝イリビコ）」との説に従えば、崇神の出身は任那ということになる（※4）。

まだ日本という国号はなく倭国《わこく》と称した当時、現在の日本海は「北《きた》ツ海《うみ》」と呼ばれた。ツヌガアラシトは、その北ツ海ルートで笥飯の浦に着いたのである。

福井県敦賀市にある氣比神宮

敦賀湾からほど近い氣比神宮《けひじんぐう》（敦賀市曙町）の別名は「笥飯宮《けひのみや》」。古くは越前国《えちぜんのくに》（現在の福井県北東部）で最も社格の高い一宮《いちのみや》で、境内東側には都怒我阿羅斯等を祀る角鹿《つぬが》神社が建っている。『氣比宮社記』によると、アラシトはこの地の祭政を治め、のちに国造《くにのみやつこ》となる角鹿氏・嶋氏はその子孫である。政務を執り行なった地に建てられたのが角鹿神社だ。

新羅系との対立

敦賀を治めて5年ほどして、アラシトは崇神の次の大王《おおきみ》・垂仁からの贈り物「赤織の絹」を手に帰国することになる。しかし、アラシトが持ち帰った赤織の絹は新羅人が兵を起こしてやって来て強奪されてしまうという話が『日本書紀』に出てくる。新羅との敵対関係を示す逸話である。

朝鮮半島の歴史書『三国史記《さんごくしき》』（※5）の「新羅本紀」には、3世紀から4世紀にかけて倭人がたびたび船で半島に攻め入り、強奪や殺戮《さつりく》、拉致《らち》などを繰り返したとの記述がある。「倭人が村を焼き、１０００人を捕虜として連れ去る」（２８７年）、「倭兵、沙道城を攻め落とす」（２９２年）など、３９３年に至るまで「倭兵」「倭軍」の侵入が9回あったことが記されている。一方で、

氣比神宮内に建つ角鹿神社

「倭国王、使者を遣わし婚姻を求める」（３１２年）といった融和の動きも見せるが、新羅側はこれを断っている（３４４年）（※６）。戦果が乏しかったためか、攻め入ったものの反撃されて敗走したためか、『日本書紀』にはこうした都合の悪い記述はない。

当時のヤマト王権は、大和・山城《やましろ》・河内《かわち》などを中心とする地方豪族の一つにすぎず、列島内においても北ツ海側（日本海側）にあった新羅系の出雲国《いずものくに》と対立していた。同じ任那・加羅系と推測される崇神とアラシトは列島内外の新羅勢力に対抗するために手を結んだのかもしれない。今で言う同盟関係である。当時は北ツ海側が「表日本」であり、その要衝・敦賀は地政学上極めて重要な地だったのである。

アラシトの逸話が示すもの

『日本書紀』垂仁の条はまた、「ある説によると」として、アラシトをめぐるこんなエピソードも記す。

国に帰ったアラシトが「白い石」から生まれたきれいな娘と懇《ねんご》ろになろうとすると、娘は海を越えて日本に行ってしまう。娘を探してアラシトが再び日本へ行くと、娘は難波《なにわ》（現在の大阪に至って「比売語曽《ひめごそ》の社」の神となり、豊国《とよのくに》（現在の福岡県東部と大分県を含む九州の北東部地域）の国前《くにさき》郡でも「比売語曽の社」に祀られていた。大阪市には比売古曽《ひめこそ》神社（中央区）、比売許曽《ひめこそ》神社（東成区）があり、大分県の東国東《ひがしくにさき》郡にも比売語曽社《ひめこそしゃ》（姫島村）がある。次項で紹介するように、同じ大分県にある宇佐神宮もかつて比売神社《ひめじんじゃ》と呼ばれ、比売神《ひめがみ》を祀っている。

垂仁は実在したとすれば3世紀後半から4世紀初めの人物とされるが、ツヌガアラシトが北陸にやって来て、そこを治めて半島に戻り、さらにまた列島にやって来たということの逸話が示しているのは、当時の半島と列島との行き来が今思われるよりも比較的容易であったということだ。たとえば、朝鮮半島の釜山《プサン》から船で出ると、九州との中間にある対馬まで49キロくらいしかない。海流の速さが小走り程度の時速7キロほどあれば7時間くらいで対馬に着く。そこからはやすやすと北部九州に入ることができ、さらに対馬海流という暖流に乗って「北ツ海」と呼ばれた日本海沿岸に沿って行くと出雲地方や北陸に流れ着くのである。

そして、これらの逸話が示すもう一つの重要な点は、半島から来た〝高貴な人〟あるいは巫女的な存在を神として祀るという習俗が列島各地にあったということである。

加羅系から新羅系へ

氣比神宮の一角に都怒我阿羅斯等を祀る角鹿神社が建っていることを前述したが、氣比神宮の祭神はアラシトでなく「伊奢沙和気《いささわけ》」であり、伊奢沙和気は新羅の王子・天日槍《あめのひぼこ》（天之日矛《あめのひぼこ》とも書く）であるとされる（※7）。天日槍はツヌガアラシトが来てから5、6年後に新羅から渡来し、近江国《おうみのくに》（現在の滋賀県）の吾名邑《あなのむら》を経て、越前国《えちぜんのくに》の隣にある若狭国《わかさのくに》（福井県南部）に住み、但馬《たじまの》国《くに》（兵庫県北部）に落ち着く（※8）。

『古事記』の応神記は、天之日矛が列島に渡来した経緯をさらに詳しく記す。新羅の王子である天之日矛は「赤玉」から生まれた美しい乙女を妻とするが、乙女はやがて「わが祖《おや》の国へ行く」

新羅神社入口

新羅神社本殿正面

と言って小船に乗って列島に行ってしまった。天之日矛はこの妻を追って渡来するが、妻には会えずに但馬国に至る。一方、妻は難波に来て「阿加流姫《あかるひめ》」として比売許曽《ひめこそ》神社に祀られた。

前述したアラシトの逸話と酷似する内容であるが、日本神話に限らず、こうした反復と変形は世界の神話に見られる。2つの物語に共通するのは、半島から列島に渡って来た女が「比売神」となって神社に祀られ、その女を追って列島にやって来た男も同様に各地の神社に祀られているという点だ。同じ構造の物語をあえて反復させて記述するということは、前述したように、半島と列島においてそうした渡来と祭祀という習俗が連続的に起こっていたことを強調しているように思われる。

天日槍が住んだという若狭は、古代朝鮮語の「ワ・ガ（カ）・サ」（行き・来・する）との説があるように、半島との交流が盛んな地であった。天日槍はその足跡が示すように滋賀県蒲生郡《がもうぐん》の鏡《かがみ》神社、福井県大飯《おおい》郡高浜町の香山《かごやま》神社、兵庫県豊岡市の出石《いずし》神社などに祀られている。また、都怒我阿羅斯等《つぬがあらしと》は、後述するように九州の現人神社《あらひとじんじゃ》にも祀られている。アラシトも天日槍も個人でやって来たのではなく、一族および技術者を引き連れて渡来し、これらの地に散らばり根を張ったのだろう。

さて、アラシトと天日槍の関係を整理すると、敦賀の地を治めた大加羅の王子・アラシトがいなくなったあと、新羅の王子・天日槍が来て、アラシトを祀る角鹿神社のある氣比神宮の祭神として祀られるようになるという経緯である。これは、この地域での加羅系から新羅系への勢力のシフトがあったことを窺《うかが》わせる。実際、加羅諸国は562年に新羅に併合されている。敦賀の地には信露貴彦《しろきひこ》神社（＝新羅の彦の意）や白城《しらき》神社があり、南越前町には新羅《しんら》神社や白鬚《しらひげ》神社もある。これらの名称が示すように、新羅との深い縁をもつ地となってゆくのである。

新羅との縁が深いのは北ツ海側だけではない。半島に最も近い、弥生時代の中心地であった北部九州の神社を見ていこう。

敦賀市沓見にある信露貴彦神社

※1　愛知県津島市の曹洞宗興禅寺所蔵の木造牛頭天王像に「牛頭の冠」が載っている。
※2　上田正昭『私の日本古代史（上・下）』（新潮選書）に詳しい。
※3　「天皇」は7世紀後半以降の称号。
※4　上垣外憲一『倭人と韓人　記紀から読む古代交流史』（講談社学術文庫）に詳しい。
※5　朝鮮半島に現存する歴史書。
※6　佐伯有清編訳『三国史記倭人伝　他六篇・朝鮮正史日本伝』岩波文庫、1988年。
※7　岡谷公二『神社の起源と古代朝鮮』（平凡社新書）などに詳しい。
※8　『日本書紀』によれば、天日槍は播磨国《はりまのくに》（兵庫県南西部）に着いてから近江国（滋賀県）、若狭国（福井県南部）に住み、但馬国（兵庫県北部）に腰を落ち着けた。同地の出石神社に祀られる。

4

「八幡の神」と新羅の姫
〜宇佐神宮、石清水八幡宮、八幡大菩薩、比売神社、出石神社

約4万4000社と日本で最も多い神社とされる「八《はち》幡《まん》さん」の総本宮・宇佐神宮《うさじんぐう》。ヤマト王権と天皇家が重要視した「上七社《かみしちしゃ》」の一つである京都の石清水八幡宮《いわしみずはちまんぐう》がこの系列である。その歴史をひもとくと、朝鮮半島にあった国・新羅《しらぎ》と縁の深い場所であることが分かる。

「辛国の城」から日本へ

小雨ぱらつく境内は人の姿もまばらで、樹木から落ちる雫《しずく》が石畳を濡羽色《ぬればいろ》に染めていた。「八幡《はちまん》さん」の総本宮・宇佐神宮《うさじんぐう》（大分県宇佐市）。この名称になったのは1873年（明治6年）のことで、古くは八幡大菩薩宇《はちまんだいぼさつう》佐宮《さぐう》、比売《ひめ》神社などと呼ばれた。八幡大菩薩（八幡神）

宇佐神宮の本殿。八幡造（はちまんづくり）と呼ばれる独特の形をした宇佐神宮の本殿は国宝に指定されている

宇佐神宮の本殿に向かう参道

新羅の王子・天之日矛は但馬国の「開発の神」として出石神社（兵庫県豊岡市）に祀られている

は大王《おおきみ》（※1）の応神《おうじん》とされ、かりに実在したとすれば4～5世紀ごろの人だ。比売神は「新羅《しらぎ》の姫」（※2）とされる。どんな関係があるのだろう。

〈辛国《からくに》の城に八流《はちりゅう》の幡《はた》とともに天降《あまくだ》り、日本の神となり（略）我は誉田《ほむた》天皇なり〉

これは1313年に編述された『八幡宇佐宮御託宣集《はちまんうさぐうごたくせんしゅう》』（全16巻。以下、託宣集）に繰り返し出てくる記述である。誉田とは応神の名で、これをそのまま読めば、八幡神は辛国つまり朝鮮半島から来て日本の神（＝応神）になったことになる。

もともと宇佐の地の首長（国造《くにのみやつこ》）は新羅系とも言われる宇佐氏だった。比売神を祀っていたのはそのためだろう。宇佐氏はヤマト王権に敵対した「磐井《いわい》の乱」（527年～528年）に加担したことで衰退する。その後、王権の支配が進むと、中央から神職のトップ（大宮司《だいぐうじ》）が派遣されるが、祭祀を取り仕切ったのは宇佐郡辛嶋郷《からしま》（現在の宇佐市辛島）を本拠地とした辛嶋氏だった。辛嶋は「韓嶋」とも書き、同じく新羅から移り住んだとされる。

八幡神が現在の地・小椋山《おぐらやま》に祀られたのは725年のことだが、宇佐神宮はその前史から新羅との縁が深いのである。

母系の祖は新羅の王子

実は、応神も新羅系のようだ。『古事記《こじき》』によれば、応神の母・神功皇后《じんぐうこうごう》の始祖は、前項で紹介した「新羅の国の王子」である天之日矛（天日槍とも書く）とされる。前述したように、新羅から妻の阿加流姫（比売神）を追って渡来した王子（天日槍）は近江、北陸などを転々とし、但馬国《たじまのくに》（現在の兵庫県北部）に住み着いた。その中心地・豊岡市にある出石《いずし》神社に「開発の神」として祀られている。応神はその子孫になる。

ちなみに、前述の〈八流の幡〉とは「八方に8色の旗を立てる」という密教の習わしで、これが八幡の語源である。密教とは仏教の秘密の教えのことなので、八幡神は神仏習合の産物である。八幡は「やわた」「やはた」と読まれ、八幡信仰の広がりとともに全国約60カ所にその地名が残されている。石清水八幡宮のある場所も京都府八幡《やわた》市である。

そもそも八幡神《やわたのかみ》はどこから来たのであろう。

『託宣集』2巻の表題は「三国　御修行の部」である。三国とは「月支《げっし》、震旦《しんたん》、日本」のことで、月支は朝鮮半島南部に3世紀ごろまであった三韓（馬韓《ばかん》、弁韓《べんかん》、辰韓《しんかん》）の都が置かれていた地。震旦は古代中国のことで、インド・サンスクリット語で「秦《しん》（紀元前に中国を統一した帝国）の土地」との意である。

古くは中国の神

『託宣集』には次の記述が繰り返し出てくる。

〈古吾は震旦国の霊神なり。今は日域鎮守の大神なり〉

これは「われは古くは中国の神で、現在は日本を守る神である」との意味だ。主語の「われ」とは八幡神のことだが、ここに記述から漏れている「月支」を加えるとすんなりと意味が通る。

つまり、朝鮮半島の神であるわれは古くは中国の神で、今は日本の神である。こう読んで初めて「三国　御修行の部」になる。八幡神のたどった経路を示しているようだ。

宇佐神宮所蔵の重要文化財に904年と刻銘のある銅製の梵鐘《ぼんしょう》がある。新羅鐘《しらぎしょう》と呼ばれるもので、新羅で8世紀ごろから鋳造されていた。新羅からの足跡が物証としても残っているのである。

※1　「天皇」の称号は天武（673年即位）以降に使われ、それ以前は「大王」と呼ばれた。
※2　金達寿『日本の中の古代朝鮮』（學生社）などに詳しい。

『八幡宇佐宮御託宣集』（国会図書館蔵）にある「辛国の城に八流の幡とともに天降った我は日本の神に成った」（右）、「古くは震旦国の霊神で、今は日域（日本）の鎮守の神」（左）との記述（マーカー部分）

天之日矛を祀る出石神社境内の鳥居と大杉

出石神社の拝殿正面

5

新羅からやって来た神々
〜香春神社、現人神社

大分県の宇佐神宮と同様に、朝鮮半島にあった国・新羅との縁の深い神社が、古代の豊前《ぶぜんの》国《くに》・福岡県にもある。その一つには天皇家のルーツに関わる伝承が残されている。

香春岳と銅精製集団

石灰岩でできた三つの峰。〈♪月が出たでた月が出た〉と『炭坑節』で歌われる香春岳《かわらだけ》は、五木寛之著『青春の門』の舞台になった。「新羅の神が祀られる山」と言われ、祀ったのは前項で紹介した新羅系の辛嶋氏《からしまし》とされる。

その麓《ふもと》（福岡県田川郡香春町）にある香春神社は709年の創建と伝わる。古代の豊前国（福岡県東部と大分県北部）にあり、平安時代以前は宇佐神宮より格上だった。主祭神は辛国息長大姫大目命《からくにおきながおおひめおおめのみこと》だ。辛国（韓国《からのくに》）、

香春神社にある金文字の石碑

福岡県田川郡香春町にある香春神社

すなわち朝鮮半島からやって来た神である。

この地には古代から鉱山があった。第4章で紹介するが、宇佐神宮が造営に協力した奈良の大仏（盧舎那仏像《るしゃなぶつぞう》）にはここで産出された銅が使われ、宇佐神宮の御神鏡もここで鋳造された。第4章で紹介する新羅系の「秦氏《はたし》」一族の技術集団が高度な技術で精製したとされる。

最澄の言葉

香春神社が創建された8世紀ごろ、各地方の歴史や文物・産品などを記した「風土記《ふどき》」が編纂《へんさん》された。ほぼ完全な形（写本）で残るのは『出雲国風土記』だけだが、他の文献に記述が引用されているものを逸文《いつぶん》という。その『豊前国風土記』逸文に香春神社の記述がある。〈昔者《むかし》、新羅の国の神、自ら渡り到来《きた》りて、此《こ》の河原に住みき。便即《すなわち》、名付けて鹿春《かはる》の神と曰《い》う〉。訳すまでもないが、「昔、新羅の国の神が自ら渡って来てこの河原に住んだので鹿春の神という」という意味だ。これは、香春町役場前に建つ石碑でも紹介されている。

前項で紹介した『八幡宇佐宮御託宣集』11巻に、天台宗の開祖で渡来系とされる最澄《さいちょう》の言葉が記されている。８０４年7月6日に遣唐使の一員として唐の国へ渡った最澄は、出港前に宇佐神宮で航海の無事を祈願した。その際、次の言葉を残したという。

〈此《これ》より乾方《いぬい》に、香春と云ふ所に、霊験《れいげん》の神坐《い》まさしむ。新羅の国神なり。吾《わ》が国に来住す。新羅、大唐、百済の事を、能《よ》く鑒知《かんち》せらる。其《そ》の教《おしえ》を信ずべし〉。

ここより北西の香春にいる神は新羅の神でわが国に移り住んだ。新羅や百済、唐のことに詳し

現人神社の本殿正面と境内

いからその教えを信じなさい。最澄はそう言ったという。

神武4兄弟と新羅

香春町を走るJR日田彦山線《ひたひこさんせん》の採銅所《さいどうしょ》駅から約1キロの山間にある現人神社《あらひとじんじゃ》には、天皇家のルーツに関わる古文書が伝わる。香春町教育委員会の保管する『現人神社略縁起』（林家文書）には、主祭神の「都怒我阿羅斯等《つぬがあらしと》」は朝鮮半島南部にあった「加羅国《からのくに》の王子」で、初代大王《おおきみ》とされる神武《じんむ》の兄・御《み》（三）毛入野《けいりの》の子孫であり、〈御毛入野は新羅の国王〉と記される。

『日本書紀』によれば、神武は4人兄弟で一説では末っ子。長男・五瀬《いつせ》がいわゆる神武東征中に死亡し、他の2人の兄「稲飯《いなひ》と三毛入野《みけいりの》」は〈海に入って常世《とこよ》に渡った〉と記され、その後の消息は不明である。ところが、平安時代に編纂《へんさん》された氏族名鑑『新撰姓氏録《しんせんしょうじろく》』に、新羅の当て字と思われる「新良貴《しらき》氏」の祖先は神武の兄・稲飯で〈新羅の国王〉と記されている。

『現人神社略縁起』と『新撰姓氏録』の2つの記述に基づけば、神武の兄2人はいずれも新羅人である。兄2人が新羅人なら、弟もまた新羅人ということになるだろう。

新羅との縁が深いのは北ツ海側や北九州地方の神社だけではない。全国には新羅系の神社が実に多いのである。

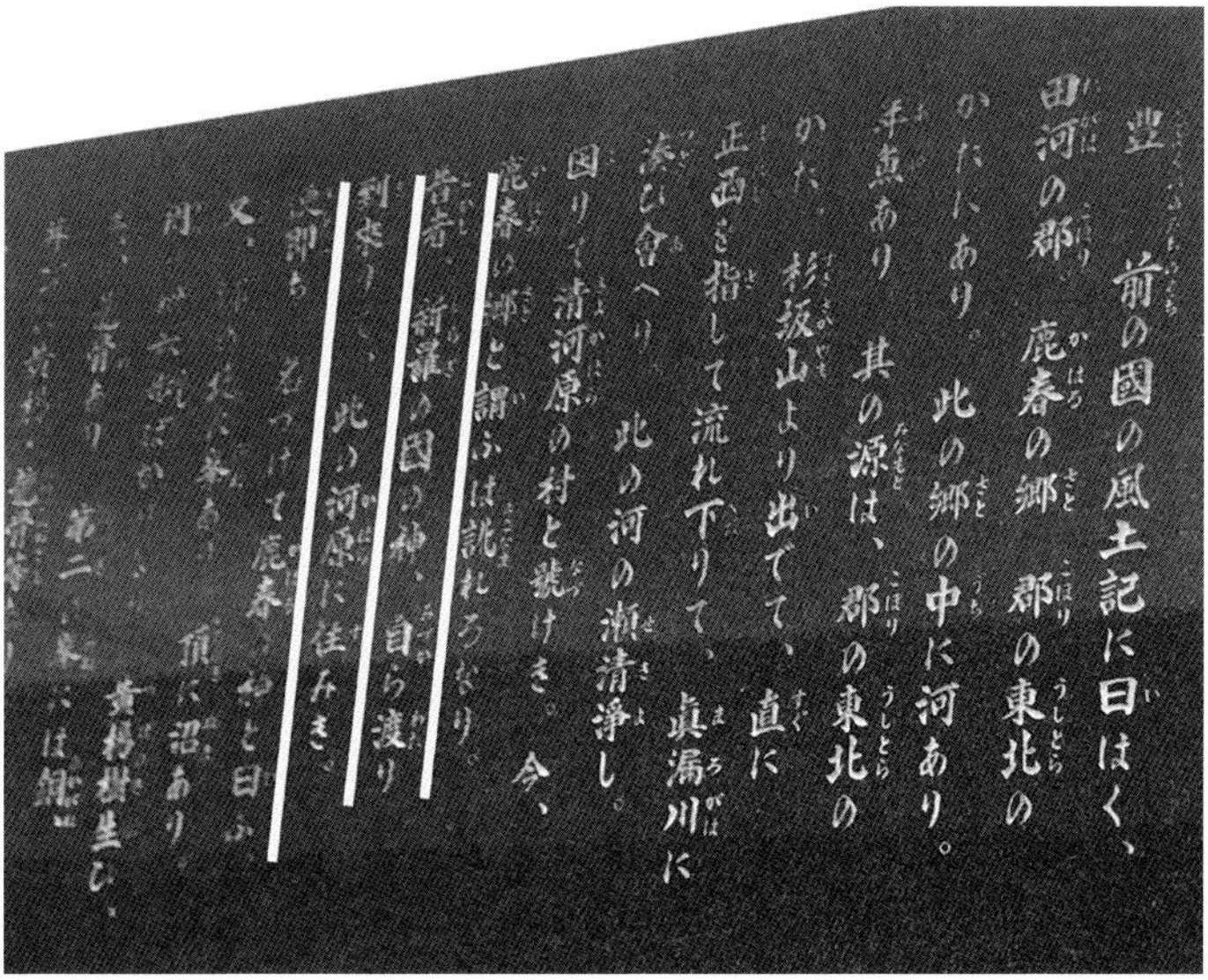

香春町役場前に立つ『豊前国風土記』の碑。マーカーの部分が「新羅の神」の記述

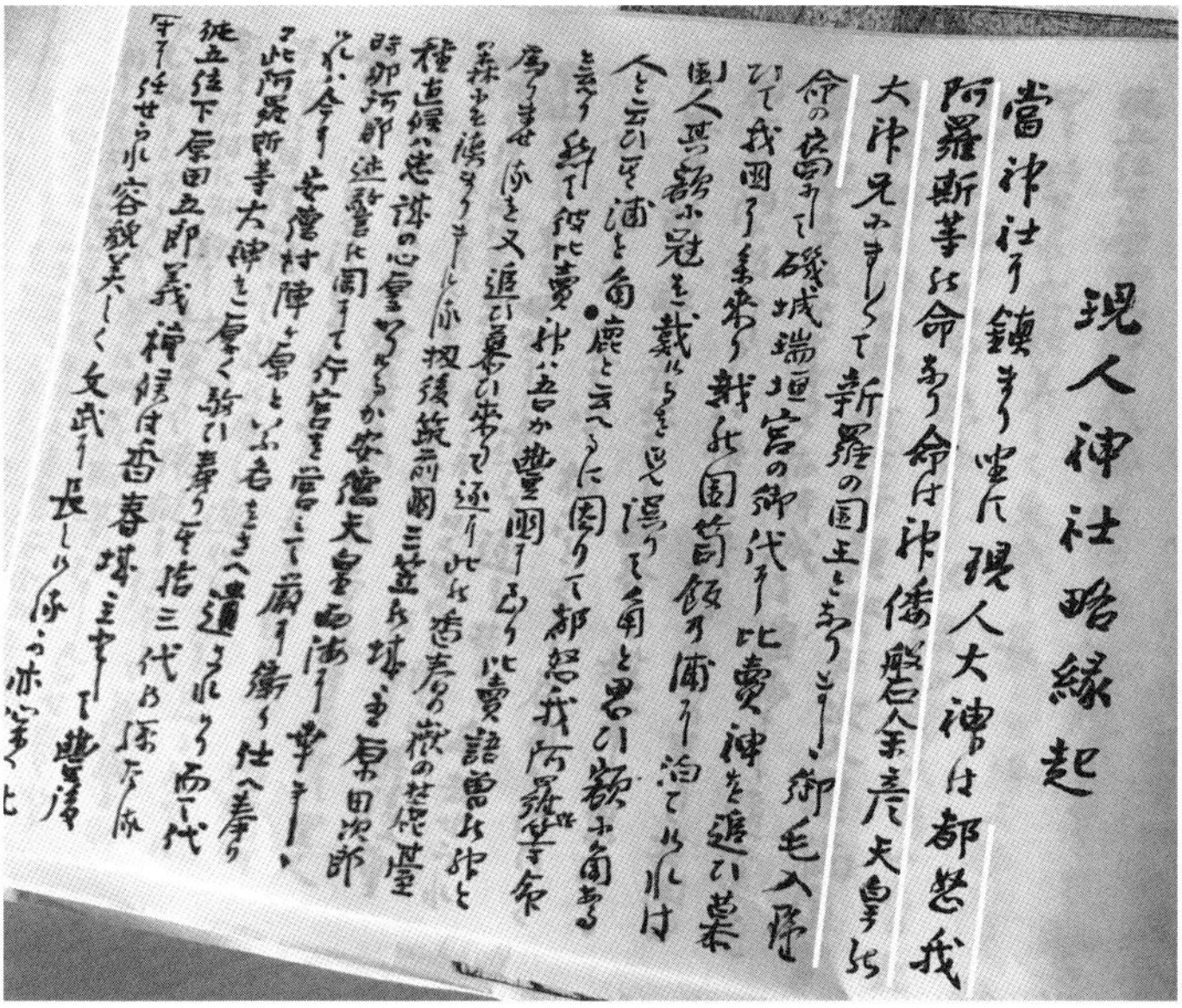

現人神社の主祭神「都怒我阿羅斯等」は「新羅の国王」となった「御毛入野」の末裔であると記す『現人神社略縁起』（マーカー部分）＝香春町教育委員会保管「林家文書」

6

新羅の素戔嗚と牛頭天王
～祇園社、八坂神社、江原神社

「祇園さん」と呼ばれる京都の八坂神社《やさかじんじゃ》。祇園とは仏教僧院のことで神道ではない。しかも、八坂神社が祀るのは日本神話の素戔嗚《すさのお》である。複雑に織り成された祇園さんの歴史を探る。

高麗人が祀った祇園社

夏の京都は日本三大祭りの一つ「祇園祭《ぎおんまつり》」で賑《にぎ》わいを見せる。京都市東山区にある八坂神社はヤマト王権が重要視した「上七社《かみしちしゃ》」ではないが、「京の東の守り神」とされる古社で、全国にある約2300の系列神社の総本社である。ここは朝鮮半島北部にあった国・高句麗《こうくり》と深い縁のある神社だ。

八坂神社は元々、「祇園社」（感神院《かんしんいん》）という名の神仏習合の地だった。明治維新時の神仏分離令（1868年）によって八坂神社に改称し、名称のみならず祭神も変更させられた。

祇園社ではそれまで「牛の頭」と書く牛頭天王《ごずてんのう》を祀《まつ》っていたが、「日本神話に出てくる神を祀れ」と言われ、祭神を素戔嗚《すさのお》に変更したのである。

日本三大祭りの一つ「祇園祭」が開かれる夏の八坂神社（京都市東山区祇園町）

牛頭天王とは釈迦が説法をしたという古代インドの僧院・祇園精舎《ぎおんしょうじゃ》の守護神で、これが祇園社の名の由来だ。一方、素戔嗚は日本神話で天照《あまてらす》の弟とされ、八岐大蛇《やまたのおろち》を退治したエピソードなどで知られる神話上の「皇室の先祖」である。素戔嗚と牛頭天王、どんな関係があるのだろう。

八坂神社がまとめた『八阪社舊記集録《やさかしゃきゅうきしゅうろく》』（※1）に、祇園社の起源が次のように記されている。

〈斉明《さいめい》天皇の即位2年（656年）8月、韓国の使い・伊利之使主《いりしおみ》が来朝したときに新羅国の牛頭山に座す素戔嗚の御魂を八坂郷に祭ると伝えられる〉。

これは『日本書紀』〈斉明2年秋8月8日〉にある〈高麗《こま》から大使達沙《たっさ》・副使伊利之《いりし》ら総勢81人が訪れた〉との記述と符合する。7世紀半ば、高麗（高句麗）の使節訪問の際、素戔嗚を新羅の国の牛頭山から八坂郷に遷《うつ》し祀ったというのである。しかし、新羅と敵対しているはずの高句麗人が「新羅の素戔嗚」を祀るのはおかしい。

新羅から来た素戔嗚

素戔嗚について『日本書紀』第1巻は「神代《かみよ》」（神々が支配していた時代）の出来事として次のように記す。

〈素戔嗚は、その子・五十猛《いそたける》と新羅の国の曽戸茂利《ソシモリ》というところにいた。ここに居たくないと言って船に乗り、出雲国の簸《ひ》の川の上流にある鳥上《とりかみ》の山に着いた〉。

曽戸茂利《ソシモリ》とは古代朝鮮語のソホル（ソウル）で、都の意。素戔嗚は新羅の都から出雲国（現在の島根県東部）に渡って来たというのである。「簸の川」は島根県東部と鳥取県西部を流れる斐伊《ひい》

島根県出雲市を流れる斐伊川。新羅から来た素戔嗚はこの川を上り、
鳥上の山（船通山）の麓に着いたという

川《かわ》のことで、「鳥上の山」は鳥取県日南町《にちなんちょう》と島根県奥出雲町《おくいずもちょう》との境にある「船通山《せんつうざん》」のことである。出雲地方では古来この山を鳥上山《とりかみやま》と呼んでいた。

「高句麗国の牛頭山」

では、素戔嗚がいたという「新羅国の牛頭山」とはどこなのか。

新羅の都があった南部（現在の慶尚南道《キョムサンナムド》）の居昌郡《コチャングン》に牛頭山《ウドゥサン》があり、観光地としても有名だ。

また、かつては高句麗に属し、のちに新羅に征服された地（現在の韓国江原道《カンウォンド》春川《チュンチョン》市）にも牛頭山（別名・義湘峰《イサンボン》）があり、ここが曽尸茂利《ソシモリ》の比定地《ひていち》とされる（※2）。

韓国のテレビドラマ『冬のソナタ』の舞台となった江原道春川地域は、新羅初の女王である第27代善徳王《ソンドクワン》（在位６３２〜６４６年）の頃に征服され「牛首州《ギュシュジュ》」とされた。つまり「新羅国の牛頭山」は元来「高句麗国の牛頭山」であったのだ。牛頭山には素戔嗚ではなく、牛頭天王が祀られていたのだろう。だから祇園社は明治に至るまで牛頭天王を祀っていた。しかし、明治政府に祭神の変更を迫られ、牛頭天王を素戔嗚に変えたのだ。『八阪社舊記集録』が編まれたのは１８７０年（明治3年）のことである。

その49年後、日本が朝鮮を支配していた１９１９年（大正8年）、この春川に明治天皇と素戔嗚などを祀る江原神社《こうげんじんじゃ》が建てられた（戦後、廃社）。当時の日本政府はここが素戔嗚と関係の深い地だと認めさせたかったのだろう。

日本が朝鮮を支配していた 1919 年に竣工した江原神社（現在の韓国江原道春川市）。写真は国立公文書館蔵。同地は現在、ホテルになっているという

皇室伝統の雅楽『蘇志摩利』

皇室伝統の雅楽に、素戔嗚と新羅の地を題材にした『蘇志摩利《そしまり》』という曲があるが、これは高句麗から伝わった高麗楽曲である。高麗楽曲でありながら新羅の地を題材にしているのは、前述のような歴史があるからだろう。高麗の使節・伊利之《いりし》が訪れた12年後（668年）、高句麗は唐と新羅に攻められ滅亡し半島の歴史から姿を消すが、その文化の精髄は祇園社だけでなく列島の皇室にも受け継がれているのである。

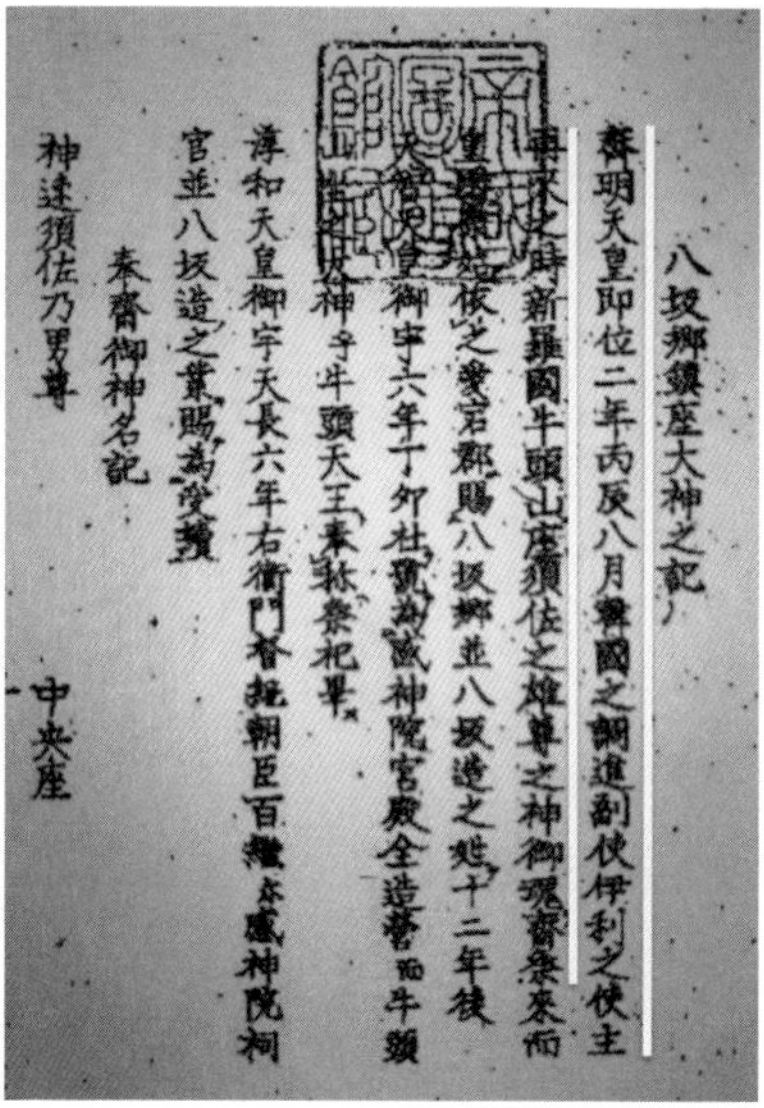
八坂郷鎮座大神之記
斉明天皇即位二年丙辰八月賀國之調進副使伊利之使主
再来之時新羅國牛頭山座須佐之雄尊之神御魂齋奉来而
[illegible]依之愛宕郡賜八坂郷並八坂造之姓十二年後
[illegible]御宇六年丁卯社號為感神院宮殿全造營而牛頭
[illegible]神号牛頭天王奉称祭祀畢
淳和天皇御宇天長六年右衛門督従朝臣百継奉感神院祠
官並八坂造之業賜為役職
奉齋御神名記
中央座
神速須佐乃男尊

新羅の牛頭山に座すスサノオの御魂を八坂郷に祀ると記されている『八阪社舊記集録』（国会図書館所蔵）にある一文（マーカー部分）

※1　『八阪社舊記集録』八坂神社、1870年、国会図書館蔵。
※2　他の類似地と比較した上で推定された場所のこと。

7 日本生まれの百済王・武寧
～仏教伝来前史

神社を中心に見てきたが、日本は１０００年以上「神仏習合」の時代が続いた。むしろ仏教の方が、日本人の風習や行事に広く浸透している。百済から日本への仏教伝来は６世紀半ば。その前史とも言える、日本生まれの百済王「武寧王《ムニョンワン》」（ぶねいおう）のエピソードはすでに広く知られているが、その概要を紹介しよう。これは『日本書紀』の記述が後世の発見によってほぼ事実であると裏づけられた一例である。

嶋君の誕生

『日本書紀』雄略の条に、百済の第25代国王・武寧王が日本で生まれた経緯について次のように記されている（※１）。

雄略５年の夏４月、百済の加須利君《かすりのきみ》が弟の軍君《こにきし》に「お前は日本に行って天皇に仕えよ」と告げる。すると、軍君は「願わくば、君の婦《みめ》（女性）を賜って、それから私を遣わしてください」と要望する。それに対し、加須利君は妊娠している女を弟に与え、「わが婦は臨月になっている。

途中で出産したら、母子を同じ船に乗せて速やかに国（百済）に送るように」と言う。……

「加須利君」とは455年に在位した百済の第21代蓋鹵王《ケロワン》（がいろおう）のことである。そもそも『日本書紀』の執筆者がなぜ、百済の王室内での兄弟のやりとりのことをここまで詳しく知っているのか不思議だが、答えを保留して続きの記述を見ていこう。

身ごもった女は果たして筑紫の加羅島《かからのしま》（各羅嶋）で出産した。そこでこの子を「嶋君《せまきし》」という。軍君は母子を船に乗せて国に送った。この子が「武寧王」であり、百済人はこの島を「主島《ニリムセマ》」と呼ぶ。……

加羅島《かからのしま》（各羅嶋）は、玄界灘に浮かぶ「加唐島《かからしま》」に比定されており、佐賀県唐津市に属する。第1章で述べたように、唐津とは「加羅に向かう港」という意味だ。この記述のあとに、出典めいたものが紹介されている。

——「百済新撰《くだらしんせん》」によると、辛丑年《かのとうしどし》に蓋鹵王《がいろおう》が弟の昆支君《こんき》を遣わし、大倭《やまと》に参向させ、天王にお仕えさせた——。

記述のもとになっているのは『百済新撰』のようだ。『百済新撰』とは『百済記』『百済本記』とともに「百済三書」と呼ばれるが、本国（朝鮮・韓国）には伝わっていない逸書である。現物はどこにもなく、その記述の一部がこうして『日本書紀』のみに引用されている。『日本書紀』にはこのほかにも『百済本記』など26カ所もの引用がある。660年の百済滅亡後に日本に移住した百済の官人が『日本書紀』の執筆・編纂《へんさん》にも協力していたのではないかと推測される。さらに、20世紀に入った日本と韓国を驚愕《きょうがく》させたのが、この武寧王の墓の発見だった。

日本産の高野槙が武寧王の棺に

１９７１年に韓国西部にある百済の古都（かつての熊津《ウンジン》）、忠清南《チュンチョンナム》道《ド》公州《コンジュ》市の古墳群の水抜き作業中に偶然、墳丘が発見された。そこから出土した墓誌に「百済斯麻王《しまおう》、年六十二歳」の墓で、「癸卯年《みずのとう》五月」に没したことが記されていた。斯麻王とは武寧王の諱《いみな》（生前の実名）である。「癸卯年」は５２３年だ。墓は中国起源の「塼《せん》」という煉瓦を積んだ塼築墳《せんちくふん》で、中国製と推定される銅鏡や陶磁器など大量の副葬品も発見された。しかし、発見はそれだけではなかった。

亡骸《なきがら》を収めた棺の木材が日本の固有種である金松（高野槙《こうやまき》）だと判明し、当時、日韓で大きな話題となった。高野槙は列島の古墳時代に天皇家の棺に用いられたものだ。なぜその高野槙の棺が百済の地で王の棺として使用されたのか。しかも、副葬品には列島の天皇家の「三種の神器」の一つである勾玉《まがたま》もあった。王の亡骸を収めるという極めて神聖な葬送儀礼に「倭国産」を用いたのは、人もモノも（そして言葉や文化も）入り混じっていたことを示している。当時の倭国と百済は一体であったとの主張が出てきても不思議ではない（※２）。

武寧の子・聖王から仏教伝来

考古学的に実在がほぼ確実視されている第21代（大王）とされる雄略は、４５６年に即位した。前述した「雄略５年」（つまり、武寧王が生まれた年）は４６１年となる。武寧王の墓誌によれば、武寧王は５２３年に62歳で没している。生まれた年を1歳とする数え年で計算すると生年は

462年になるが、単純に523から62を差し引くと461。つまり「雄略5年」になる。

武寧王の没後、その子・聖王《ソンワン》（在位532〜554年）が後を継いだ。『日本書紀』では聖明王《せいめいおう》と呼ばれ、538年に倭国に仏像と経典を贈り、仏教を伝えたとされている王だ。父の出生地、父の棺……。父の死から15年後、特別なつながりがあった日本に聖明王は仏教を伝えたのである。この武寧王の子孫が、次章以降でたびたび紹介する桓武《かんむ》天皇の母である高野新笠《たかののにいがさ》だとされる。

※1　坂本太郎・家永三郎・井上光貞・大野晋／校注『日本書紀（三）』岩波文庫、1994年。
※2　金容雲『「日本＝百済」説』三五館、2011年。

◇コラム　百済をなぜ「くだら」と読むのか

4世紀前半から朝鮮半島西部にあった国・百済（660年滅亡）。朝鮮語では「ペクチェ（Paekche）」と発音し、音読みでは「ひゃく（はく）さい」であるのに、なぜ日本では「くだら」と発音するのでしょうか。訓読みでも「ももす（すく）」であり、「くだら」とは読めません。古くから多くの専門家がさまざまな説を出していますが、なかなか「定説」とされるものはないようです。ただ、いくつか有力視されている説があるので、それを紹介してみましょう。

（1）馬韓地方の「居陀羅」（クダラ）

紀元前2世紀末から紀元後4世紀にかけて朝鮮半島南部は「馬韓・辰韓・弁韓」という3つの国に分かれていました。そのうち、西部にあった「馬韓」地方に「居陀」（クダ）という地名があり、『日本国語大辞典・第4巻』によれば、原名は「居陀羅」（クダラ）」と推定される、これがこの地方の代表地名となり、馬韓地方に百済が建国されたあと、「くだら」の訓読みになったという説が最も合理的、と説明しています。

「陀」とは平らでない、険しいとの意味ですが、百済には4世紀末に中国から仏教が伝えられます。その百済の代表地名という「居陀」の字を見ると、「仏陀が居すところ」とも読めます。中国から仏教が伝わった聖地という意味もあったのでしょうか。

(2) 語源説「クンナラ」「クタラ」

『日本国語大辞典・第4巻』はまた、「語源説」として「クは大の意。タラは村落の義」とも説明します。「クタラ＝大きな村」の「タ」が濁音となって「クダラ」となったということでしょう。一方、朝鮮語で「クン（큰）」は「大きい・偉大な」、「ナラ（나라）」は「国」で、「クンナラ」と言えば、「大きい国・偉大な国」という意味になります。「クンナラ」が転化あるいは訛って「クダラ」となったとの説もあります。

(3)「クダラ」と「クタラ」

『岩波古語辞典』によれば、「百済」は「室町時代までクタラと清音か。名義抄図書寮本に〈百済瑟、久太良古度〉とあり、明確に清点がある」などと説明されています。「瑟《しつ》」とは弦楽器のことで、それを「久太良《くたら》の古度《こと》（琴）」と呼んだとの説明と思われます。また、『二十巻本和名類聚抄』にも同様の意味の説明があり、「百済国琴也和名久太良古止」（百済の琴なり。和名は久太良古止・くたらこと）との記述があります。いずれも平安時代には「クダラ」ではなく「クタラ」と清音であったことを示しています。

現在の熊本県八代市坂本町（かつての肥後国葦北郡）には、「百済来川《くだらぎがわ》」「久多良木《くたらぎ》」「久多羅木《くだらぎ》」という地名・川名があり、現在も「百済来下123」という番地には「久多良《くたら》木城《ぎじょう》跡」が残っています。朝鮮半島西部に近い熊本県には古来、百済から来た人たちの村落があったのでしょう。音読みで（た）と濁らない「多」の字を当てていることから、古代には「くたら」という清音であったと考えられます。とすれば、上記（1）（2）のうち、清音である（2）の語源説（クタラないしクンナラ）が有力となります。

(4) 白馬江「クドゥレ」説

韓国忠清南道扶余郡を流れる白馬江《ペグマガン》は、現在は錦江《クムガン》と呼ばれている韓国4大河川の一つです。この河川はかつて、百済救援のために倭国・百済連合軍が新羅・唐連合軍と戦って大敗北を喫した「白村江《はくすきのえ》の戦い」(663年)の舞台となった川です。なぜここが戦いの舞台になったかといえば、ここには百済の古都・泗沘《シビ》があり、泗沘城という都城があったのです(538年に熊津から遷都)。現在は白馬江を行き来する船着場となっていますが、古代においても泗沘城への出入りをするための大きな渡船場でした。

韓国のソウル市で発行されている夕刊紙『文化日報』は、〈この白馬江の渡船場一帯を「クドゥレ(구드래)」と呼んでいて、それが変化して「クダラ」になった〉という説を紹介しています(2007年9月27日付)。当時、百済はクドゥレ渡船場を通じて諸外国と文物交流をしていました。この渡船場を通じて先進文物を受け取った日本人にとって「百済」は「クドゥレ」だった、このクドゥレの発音が変化し、「クダラ」となった、と説明します。

滅亡時の古都に通じる貿易の玄関口でもあった渡船場の名が倭国に伝わり、「クドゥレ」「クダラ」になったというわけです。日本の専門家からは出てこないこの説も説得力があります。ただ、7世紀後半の「白村江の戦い」当時から「クドゥレ」と濁音であったなら、その後の平安時代になってなぜ「クタラ」と清音になったのかの説明がつきません。肥後国の地名も「久多良《くたら》」であり、山口県や大阪府などには「久楽《くたら》」という姓の人がいますが、この「久楽」も「百済」が語源です。

以上、大きく4つの説を紹介しましたが、私は「クタラ」「クンナラ」が転化し、文字や仏教などを伝えてくれた国への尊意を込めて、「偉大な国」を意味する「クダラ」と呼んだのではないかと思っています。

第3章

「日本」誕生と神社の形成

1

″世界システム″への対応
～園城寺、新羅善神堂、飛鳥寺

森や山自体を「ご神体」とする「原始神道」の誕生から、現在のような社殿をもつ神社神道、皇室神道への道筋はどのように出来上がっていくのか。それは倭国《わこく》内および東アジア情勢と深い関わりがあった。

「壬申の乱」で天武が即位

琵琶湖に臨む滋賀県大津市。古代の首都・大津京があったこの地に、皇位継承をめぐる天皇家内の争い「壬申《じんしん》の乱」（672年）で敗れて自害した大友皇子《おおとものおうじ》の霊を祀《まつ》る園《おん》城寺《じょうじ》（別名・三井寺《みいでら》）がある。

園城寺は新羅《しらぎ》系とされる氏族・大友村主《すぐり》の氏寺として7世紀に創建された。守護神の一つが新羅明神《しんらみょうじん》で、国宝の

大友皇子の霊を祀る園城寺＝滋賀県大津市

園城寺の守り神の一つ新羅明神像を安置する新羅善神堂

新羅明神坐像を安置する新羅善神《しんらぜんしん》堂《どう》が同寺北側の「新羅の森」と呼ばれる山間《やまあい》にひっそりと建っている。かつては新羅神社と呼ばれ、素戔嗚《すさのお》を祀っている（※1）。

古代最大の内乱と言われる壬申の乱で大友皇子を自死に追いやったのは、叔父に当たる大海人皇子《おおあまのおうじ》、のちの天武天皇《てんむ》である。この天武が、それまでの山や森自体をご神体とする原始神道から現在の神社神道への道筋をつけ、「古代の国家神道」とも言われる神社の国家管理を進めたとされる。

では、現在の神社のような〝ハコモノ〟はいつごろから建てられたのか。

〈表 4〉 **6~7世紀　激動のアジア**

西暦	出来事
538年あるいは552年	朝鮮半島の「百済」から倭国に仏教伝来。百済・聖明王が仏像と経典など贈る
581年	中国で「隋」が成立
587年	仏教受容をめぐる抗争「丁未《ていび》の乱」。蘇我馬子《そがのうまこ》が物部守屋《もののべもりや》を倒す
6世紀末	蘇我馬子が「飛鳥寺」建立開始
600年	倭国が「遣隋使」派遣開始
603年	豪族を官人に編成していく「冠位十二階」制定。翌年に「憲法十七条」
618年	隋が滅び「唐」が成立
630年	倭国が「遣唐使」派遣開始
645年	中大兄皇子《なかのおおえのおうじ》（のちの天智《てんじ》）と中臣鎌足《なかとみのかまたり》（のちの藤原鎌足）が蘇我入鹿《いるか》を暗殺、父・蘇我蝦夷《えみし》は自殺（＝乙巳《いっし》の変）。天皇中心の体制をめざす「大化の改新」
660年	新羅・唐連合軍に攻められ百済が滅亡
663年	百済・倭連合軍が「白村江の戦い」で新羅・唐連合軍に大敗
667年	天智天皇（大王）が大和・飛鳥から近江「大津京」に遷都
668年	朝鮮半島北部の「高句麗」が滅亡。新羅が朝鮮半島を統一
672年	皇位継承をめぐる古代最大の内乱「壬申《じんしん》の乱」
673年	壬申の乱で大友皇子《おおとものおうじ》を自害させた天武（大海人皇子《おおあまのおうじ》）が即位
681年	天武が唐の制度にならい「律令」制定を命じる
686年	天武が死去
701年	律令国家の基本法典「大宝律令」制定

「日本国」と「天皇」の誕生

６世紀から７世紀にかけてのアジアは動乱の時代であった（＝表４）。倭国内もまた政変や内乱が相次いだ。戦火や抗争で犠牲になった多くの命の鎮魂のため、祈りの場が必要とされたのであろう。

６世紀の半ば、朝鮮半島の百済《くだら》から当時倭国と呼ばれていた日本に仏教が伝えられる。日本最古の本格的な寺院は奈良県高市郡明日香村《たかいちぐんあすかむら》にある飛鳥寺《あすかでら》だ。百済系とされる蘇我馬子《そがのうまこ》が、百済の寺大工らを招いて６世紀末に建立を開始した。本尊の釈迦如来坐像（飛鳥大仏）の製作者は同じく百済系の仏師・止利《とり》（鳥）で、造立に際して朝鮮半島北部にあった高句麗《こうくり》の王から黄金が贈られるなど、半島の先進技術を結集する形で７世紀初めに完成した。

中国大陸では５８１年に隋《ずい》ができ、隋が滅ぶと６１８年に唐《とう》が成立。倭国は６００年から遣隋使、６３０年からは遣唐使を派遣する。今で言う留学生のように先端技術や先進文化を学ぶため、倭人たちが船で次々と大陸へと渡って行った。そして、そこで得た知識や技術を国内に持ち帰ったのである。

一方、朝鮮半島では、新羅・唐の連合軍によって６６０年に百済が滅び、リベンジを期した百済・倭国連合軍は白村江《はくすきのえ》の戦い（６６３年）で新羅・唐連合軍に大敗を喫する。６６８年には半島北部にあった高句麗も新羅によって滅ぼされ、新羅が半島を統一することになる。冒頭で紹介した「壬申の乱」が起きたのはその４年後のことだ。

こうした東アジアの情勢変化を受け、倭国は〝世界システム〟への対応を迫られた。初めて元号が定められた645年の「大化《たいか》の改新」に始まり、681年には天武が唐の律令《りつりょう》制度を参考に律令の制定を命じ、701年の「大宝律令」制定で国家統治の基本的な法体系が整う。律は今の刑法、令は行政法などに相当する。これにより「日本」という国号が初めて定められ、それまで大王《おおきみ》と呼ばれていた王権のトップに「天皇」の称号が付けられた。最初の天皇は天武ないし次の持統《じとう》とされる。

律令国家の進展とともに

天武が律令制定を命じた681年、『日本書紀』に〈畿内《きない》および諸国に詔《しょう》して、諸《もろもろ》の神社の社殿の修理をさせた〉と記される。修理とは造営のことだ。また、祈年祭《としごいのまつり》など宮中祭祀《さいし》が始まったのもこの頃とされ、律令国家の進展とともにその権勢をあまねく示すため皇室神道と神社神道の形が整えられてゆく。

神社の社殿は仏教寺院を模して造られた。大陸や半島からの来訪者に、「神社」という独自の建物を見せたかったのではないか。ご神体が山や森では見栄えがしない、最新技術によるハコモノを作ろうというわけだ。そんな傾向は現代も同じで、各自治体が同じような名称と機能のハコモノを競うように造ろうとする。科学や技術が発達しても、人間の心性は1000年以上前と大して変わっていないようである。

「上七社」と格式

時代は下り、9世紀には有力神社50社で天皇即位の際の儀式が始まり、10世紀の927年には律令の施行規則をまとめた『延喜式《えんぎしき》』全50巻が完成する。その9巻と10巻の「神名帳」には全国2861の神社名が記されている。

そのうち、ヤマト王権と天皇家が重視した7神社を「上七社《かみしちしゃ》」と呼ぶ。伊勢神宮、石清水八幡宮、賀茂（上賀茂、下鴨）神社、松尾大社、平野神社、伏見稲荷大社、春日大社の7社である。

飛鳥寺は日本最古の本格的な寺院＝奈良県明日香村

このほかにも「中七社《なかしちしゃ》」「下八社《しもはっしゃ》」と呼ばれる神社があり、12世紀までにこれらを合わせた「二十二社」に固定化した祭祀制度が形成されていく（※2）。22社は格式の高い神社として優遇されたが、「格式」とはすなわち、天皇家や朝廷との縁が深いという意味だ。では、その「縁」の中身とはなんだろう。

これから紹介していく「上七社」の伊勢神宮や伏見稲荷大社、松尾大社、平野神社などの起源や背景などを見ると、いずれも朝鮮半島とつながりがある。「下八社」の一つである八坂神社もそうである。次の項で紹介する「中七社」の一つである石上神宮《いそのかみじんぐう》も同様だ。これは何を意味しているのだろう。

※1　出羽弘明『新羅神社と古代日本』同成社、2016年。
※2　伊藤聡『神道とは何か　神と仏の日本史』中公新書、2012年。

2

山辺の道と古代の兵器庫
～石上神宮、伊勢神宮、金刺宮趾

「政《まつりごと》の要《かなめ》は軍事なり」。7世紀後半に即位した天武《てんむ》天皇の信条を表す言葉である。「古代の国家神道」を整備したとされる天武は、即位後「国家守護」を目的に「2つの神宮」を創設した。その一つが石上神宮《いそのかみじんぐう》（奈良県天理市）である。

奈良県奈良市の春日山《かすがやま》から桜井《さくらい》市の三輪山《みわやま》まで奈良盆地東の山裾を縫うように走る全長約26キロの「山辺《やまのべ》の道」は、現存する日本最古の古道である。そのうち古代の面影を色濃く残すのが天理市～桜井市16キロ区間。布留山《ふるやま》の西北に、鬱蒼《うっそう》とした樹木に囲まれた石上神宮（天理市布留町《ふるまち》）が建つ。

「神宮」の名のついた古社

神社の名称はいくつかに大別される。最も格式が高いとされる天皇ゆかりの「神宮《じんぐう》」、次いで伏見稲荷大社や諏訪大社など全国各地で幅広い信仰を集める「大社《たいしゃ》」、同じく全国に広がる天満《てんまん》

石上神宮近く、池畔に歌碑の建つ「山辺の道」

宮《ぐう》や金刀比羅宮《ことひらぐう》など「宮《ぐう》」、最も一般的で各地にある小中規模の「神社《じんじゃ》」、他の神社から祭神を遷《うつ》し祀《まつ》った「社《しゃ》」などがある。

720年に完成した最古の歴史書『日本書紀』の中で「神宮」と呼ばれるのは伊勢神宮《いせじんぐう》と出雲《いずも》大神宮《だいじんぐう》（出雲大社）そして、この石上神宮の3社だけだ（※1）。なかでも石上神宮はある意味で別格だった。どんな性格をもった神社なのだろう。

武器を保管した禁足地

出雲国《いずものくに》との「国譲り」交渉に臨んだ建御雷《たけみかずち》が、国の支配権を渡すのに抵抗し戦いを挑んできた建御名方《たけみなかた》を破るという神話を本章の4「諏訪大社」の項で紹介するが、その戦いで使われた刀剣の別名を「布都御魂《ふつのみたま》」といい、その神剣を納めたのが石上神宮である。

また、『記紀』や『釈日本紀《しゃくにほんぎ》』の垂仁《すいにん》（※2）の条には、石上神宮に〈一千口の太刀《たち》を納めた〉〈新羅の王子・天日槍《あめのひぼこ》が渡来した際に持ってきた神宝などを石上神宮の神府《ほくら》に蔵《おさ》む〉などと記されている。

これらの記述から分かるように、石上神宮は武器を中心に納める蔵《くら》（＝神府）、すなわち「古代の兵器庫」であった。本殿と神倉《かみくら》のある場所は今でも、踏み入ってはならない禁足地《きんそくち》とされている。

布留《ふる》の地にある石上神宮は「布留社《ふるしゃ》」「布都御魂神社《ふつのみたま》」とも呼ばれ、古くこの地にいた布留氏の氏神だった。朝鮮語でプルは「火」で、コギ（肉）を火で焼けば「プルコギ」。つまり、布留氏は火を扱う鍛冶《かじ》氏族で、弥生期に香春《かわら》の地に渡来した新羅系の銅精製技術集団に連なる一族との説もある（※3）。この地は「布留薬」と呼ばれる薬作りなども行なわれた手工業生産の集積地

石上神宮の拝殿（奈良県天理市）。奥に本殿、
向かって左側に「神倉」があり、禁足地になっている

であった。

布留の地から南へ進み桜井市に入ると、大和川の畔《ほとり》に「仏教伝来の地」の碑や第29代とされる欽明《きんめい》の磯城嶋金《しきしまかな》刺宮趾《さしのみやあと》がある。金刺とはその名の通り、金属加工を担った地。武器などが造られたのだろう。

国家守護の2神宮

時代は下り、武力により甥《おい》（大友皇子）を自害させて（＝壬申《じんしん》の乱）天皇（大王）となった天武は、即位した翌年（674年）に「祭祀《さいし》の伊勢と軍事の石上」を「国家守護の2神宮」とする（※3）。

石上神宮の祭主として蔵の管理を担ったのが朝鮮渡来氏族との説がある物部《もののべ》一族の石上麻呂《いそのかみのまろ》である（※4）。6世紀後半の仏教受容をめぐる抗争によって物部宗家《もののべそうけ》が滅亡する経緯は「諏訪大社」の項で触れるが、四散していた一族はこのとき「石上」に改姓し祭祀・軍政に返り咲く。

物部の「もの」とは武器のことで、「もののふ」といえば武士。物部氏が担った祭祀は「もののけ」（霊）とつながる。物部一族は高句麗《こうくり》系とされる大伴《おおとも》氏と共に5世紀以降の初期大和政権を支えた軍事戦闘集団であり、兵器製造集団であった。

権力者の心性は古代からさほど変わっておらず、今も昔も「政《まつりごと》の要は平和なり」とはいかな

大和川のほとりに建つ「磯城嶋金刺宮趾」の碑（左）と
「仏教伝来の地」の碑（奈良県桜井市）

いようだ。天武の時代を見ると、祭祀と軍事を一体化させて戦争に突き進んだ明治から昭和にかけての国家神道の原型が浮き彫りになる。

※１『日本書紀』から２００年余りあとに完成した『延喜式《えんぎしき》』神名帳で「神宮」の名のつく神社は伊勢神宮と、本章で紹介する鹿島《かしま》神宮、香取《かとり》神宮の３社。

※２　垂仁は３世紀後半から４世紀前半の第11代大王とされる。ただ、没した時の年齢が１４０歳や１５３歳とされ、実在した人物かは不明。

※３　畑井弘『物部氏の伝承』（講談社学術文庫）に詳しい。畑井氏は６７４年が伊勢神宮と石上神宮の実質的な創建年とする。

※４　上田正昭『私の日本古代史（上）天皇とは何ものか――縄文から倭の五王まで』（新潮選書）などに詳しい。

石上神宮境内から山辺の道へ

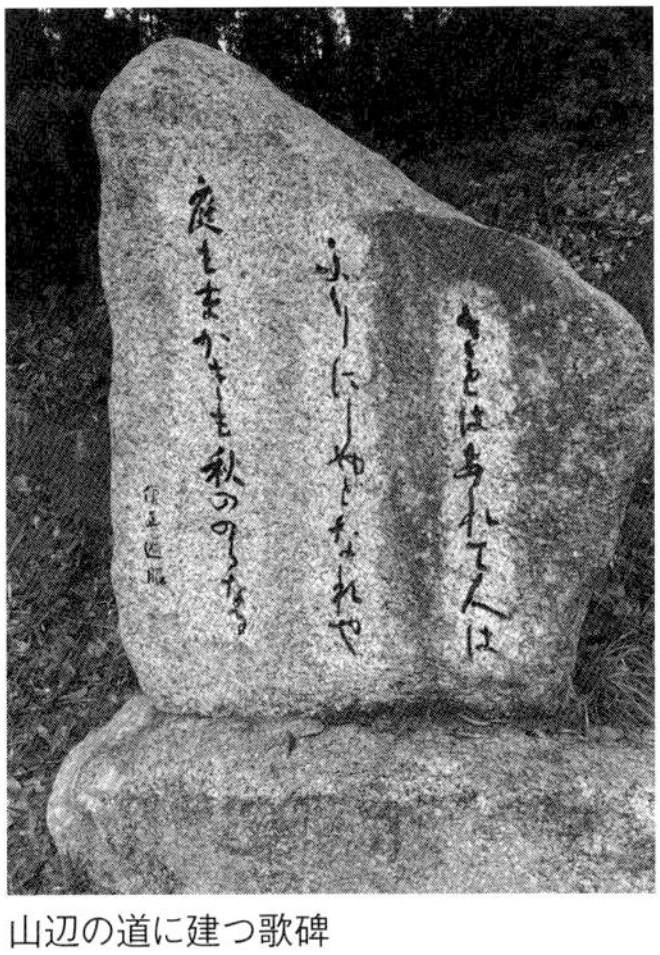

山辺の道に建つ歌碑

3
「神宮」と韓神山の謎
～伊勢神宮、韓神社

天皇家の重視した「上七社」の筆頭で、皇室の祖とされる天照《あまてらす》を祀るのが五十鈴川《いすずがわ》の畔《ほとり》に建つ伊勢神宮《いせじんぐう》である。ただ、その近くに「韓国《からのくに》の神の山」と書く韓神山《からかみやま》があることは知られていない。地図から消された韓神山と神宮の謎に迫る。

国家神道の中心施設に

伊勢神宮（三重県伊勢市）ほど、明治以前と以後で変貌した神社はないだろう。

元々は民間人による地域密着の、しかも神仏共存の神社であった。しかし、序章で紹介した神仏分離令（1868年）により国家の管理下に入ることで多くの寺院や僧侶は排除され、天皇崇敬《すうけい》・国家神道の中心的施設に生まれ変わる。1889年

伊勢神宮の内宮へ向かう宇治橋を渡る人々

に歴史上初めて皇居内に「宮中三殿《きゅうちゅうさんでん》」が設けられると、伊勢神宮はそれと対をなす「聖地」とされるのである（※1）。

五十鈴川に架かる近鉄鳥羽線の鉄橋と、その左手にある韓神山。竹林の茂る頂上部には韓神社の小さな祠が建つ

新羅発祥の「神宮」

正式名は地名の「伊勢」を除いた「神宮」で、日本の神社の中心的存在とされる。ただ、アジア圏で歴史上初めて「神宮」の名称を使ったのは朝鮮半島南東部にあった国・新羅《しらぎ》だった。朝鮮半島に現存する最古の歴史書『三国史記《さんごくしき》』（新羅本紀・第22代智《チ》証《ジュン》王）にこう記される（※2）。

〈始祖の降誕の地、奈乙《ナウル》に神宮を創立〉。

同じ名称になったのは偶然であろうか。智証王の在位は6世紀初め。一方、伊勢神宮の祭祀制度を整備したのは7世紀後半（673年）に即位した天武である。実は、天武の時代にはそれまでの百済に代わり新羅との関係が深くなった。

江戸時代の絵図と荒木田氏

伊勢神宮には内宮《ないくう》と外宮《げくう》があり、内宮（皇大神宮《こうたいじんぐう》）の近く、伊勢市楠部町《くすべちょう》にあるのが韓神山だ。現在の地図からは消えているが、３３０年余前の江戸時代の史料にその名が見える。土地境界争いの際、当時の奉行《ぶぎょう》・岡部駿河《おかべするが》の裁定で〈元禄《げんろく》二年〉（１６８９年）に作成された彩色絵圖《さいしきえず》（※３）。そこに〈加らかみ山森〉とあり、古文書には〈韓神山〉と記される。絵図には唐木挟《からきばさ》という地名もあり、唐木は「韓《から》から来た」と解すこともできる。

竹林の茂る韓神山の頂上部には韓神社《からかみしゃ》の小さな祠《ほこら》が建ち、ここを守っていたのは内宮の神職（禰宜《ねぎ》）を代々務めた荒木田氏だった（※４）。少し離れた暗い森の中に入ると、巨岩を仰ぐ一族の祭祀（山宮祭）の場が荒れ果てて残る。巨岩の前には、「元禄十三年」（１７００年）と刻まれた墓石が無惨に転がっていた。ここは祭祀《さいし》の場であるとともに荒木田家の墓所でもあったのだろう（※５）。

祭祀を担った中臣《なかとみ》氏（藤原氏の旧姓）と同族とも伝わるが、荒木田氏の素性はよく分かっていない。ただ、古代に朝鮮半島から来た人を「今来る」と書き「今来《いまき》」と称した。半島南部に伽《か》耶《や》（加羅《から》）と呼ばれる小さな国の連合体（※６）があり、その一つに安羅《あら》（阿羅《あら》、安耶《あや》）があった。新羅から来た人（新羅来《しらき》）に「白木《しらき》」「白城《しらき》」などの字を当てたように、荒木姓は安羅から来た「安羅来《あらき》」との説がある。

「加羅」と呼ばれた伊賀国

伊勢神宮北西の山側にあるのが忍者で有名な伊賀《いが》市。『伊賀国風土記《いがのくにふどき》』逸文によれば、伊賀国はかつて伊勢国《いせのくに》に属し、領地を分割されたが、十数年も名前が定まらず、その間ここを

「加羅具似《からくに》」と称した、と記される（※7）。「加羅」は前述のように伽耶諸国の呼び名で、「具似」は「国」だろう。

この地域には、朝鮮半島からの移住者が暮らした痕跡が多数残る。津市の六大A遺跡では弥生時代後期から古墳時代の古代土師器《はじき》などが多数出土し、伊勢市の隣、多気郡明和町《たきぐんめいわちょう》の北野遺跡からも土師器、須恵器《すえき》などが出土している。須恵器は伽耶諸国の流れを汲む硬質の土器のことだ。

その地に建てられた新羅発祥の名称「神宮」、そこに天皇家の祖神が祀られ、近くの山は韓神山と命名され、そこを守っていたのが安羅から来たとの説がある荒木田氏、隣の伊賀が「加羅国」と呼ばれたこと。これらは偶然ではなく、歴史的な背景と経緯があってのことだろう。

なぜ地図から消されたのか

「韓神山の名は小字《こあざ》名として残っているかもしれませんが、山の存在は地元の人でさえ9割方は知りません。謎の山ですね」。

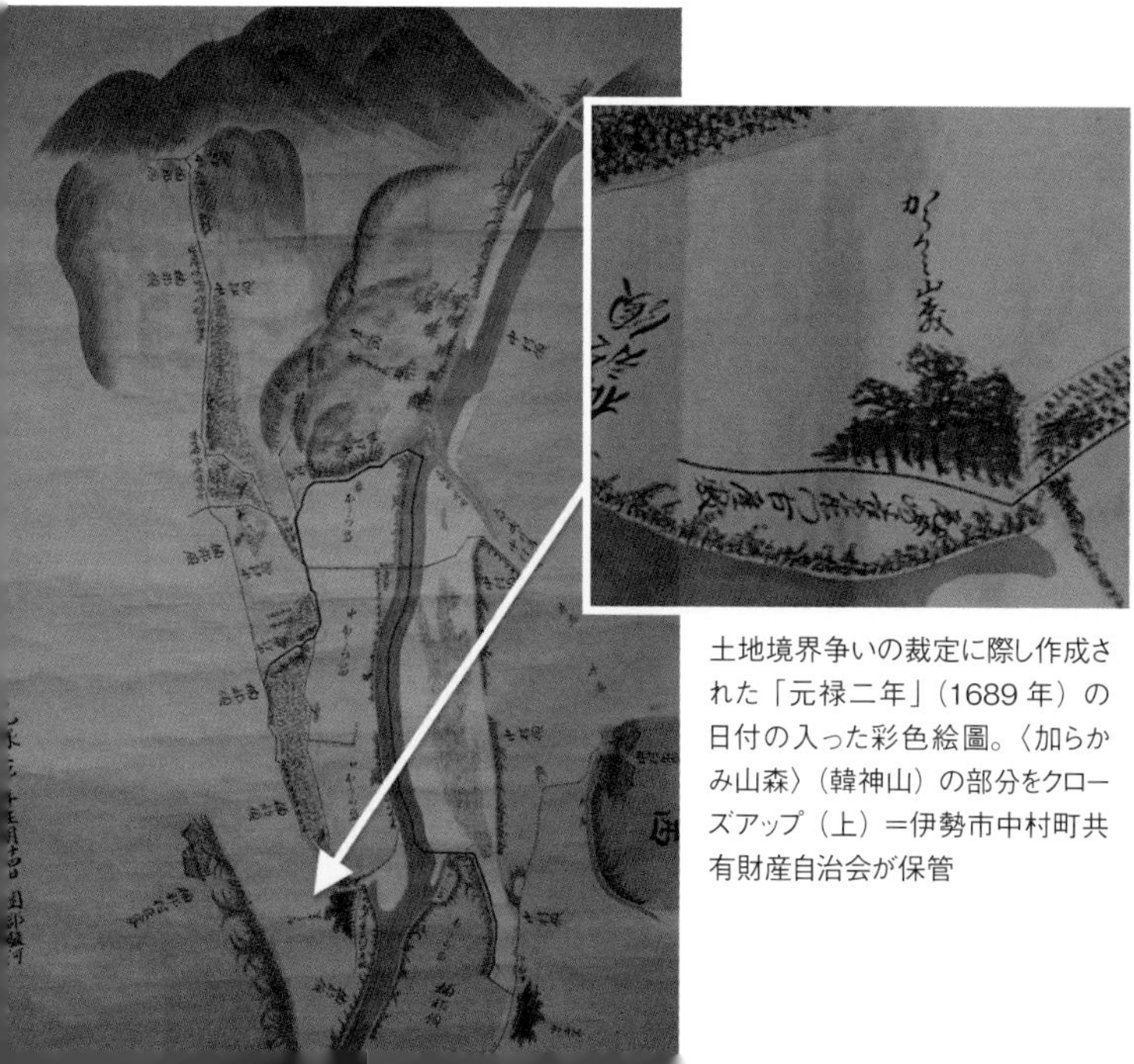

土地境界争いの裁定に際し作成された「元禄二年」（1689年）の日付の入った彩色絵圖。〈加らかみ山森〉（韓神山）の部分をクローズアップ（上）＝伊勢市中村町共有財産自治会が保管

そう話すのは、伊勢郷土会の副会長を長年務め、伊勢市文化財保護審議会会長や三重県資料調査員なども歴任した石井昭郎《いしいあきお》氏（伊勢市中村町）である。この石井氏を通じて「元禄の彩色絵図」を見せてもらったが、郷土の歴史に詳しい石井氏にも韓神山の存在とその名が地図から消された経緯はよく分からない。しかし、冒頭に記した近代の国家神道の形成によって、伊勢神宮の体制は次のように変わった。

明治政府は伊勢神宮を国家管理下に置くと、古代からの祭祀職・中臣氏の系列で祭主を歴代務めてきた藤波《ふじなみ》氏をクビ（罷免）にし、荒木田一族らの世襲も廃止して、政府の息がかかった者を神官にするため「任命制」とした。以後は、天皇家に近い者が祭主となり、敗戦後は天皇家の子女が祭主を務める。国家神道の体制が温存された形だ。伊勢神宮を「日本の聖地」「国家の総鎮守」という特別な場所に位置づけようとすれば、すぐ近くにある、半島の神の名を持つこの山の存在はさぞ目障りであったろう。

※1　島薗進『国家神道と日本人』（岩波新書）に詳しい。「宮中三殿」とは賢所《かしこどころ》、皇霊殿《こうれいでん》、神殿の3施設の呼び名。
※2　末松保和『新羅史の諸問題』（東洋文庫）に詳しい。
※3　伊勢市中村町共有財産自治会が保管。
※4　禰宜とは祭祀を司る職。
※5　岡谷公二『伊勢と出雲　韓神と鉄』平凡社新書、2016年。
※6　伽耶（加羅）諸国は6世紀中頃に新羅に滅ぼされ、併合された。
※7　栗田寛『古風土記逸文考証』（巻二・伊賀）帝国教育会出版部、1936年。

郵 便 は が き

料金受取人払郵便

代々木局承認

3526

差出有効期間
2025年9月30日
まで

(切手不要)

151-8790

243

(受取人)

東京都渋谷区千駄ヶ谷 4-25-6

新日本出版社

編集部行

ご住所	〒 都道 府県
お電話	
お名前	フリガナ

本のご注文は、このハガキをご利用ください。送料 300 円

《購入申込書》

書名	定価	円	冊
書名	定価	円	冊

ご記入された個人情報は企画の参考にのみ使用するもので、他の目的には使用いたしません。弊社書籍をご注文の方は、上記に必要情報をご記入ください。

愛読者はがき

ご購読ありがとうございます。出版企画等の参考とさせていただきますので、下記のアンケートにお答えください。ご感想等は広告等で使用させていただく場合がございます。

① お買い求めいただいた本のタイトル。

② 印象に残った一行。

(　　　)ページ

③ 本書をお読みになったご感想、ご意見など。

④ 本書をお求めになった動機は？

1 タイトルにひかれたから　　2 内容にひかれたから
3 表紙を見て気になったから　　4 著者のファンだから
5 広告を見て（新聞・雑誌名＝　　　　　　）
6 インターネット上の情報から（弊社 HP・SNS・その他＝　　　　　　）
7 その他（　　　　　　）

⑤ 今後、どのようなテーマ・内容の本をお読みになりたいですか？

⑥ 下記、ご記入お願いします。

ご職業	年齢	性別
購読している新聞	購読している雑誌	お好きな作家

ご協力ありがとうございました。　ホームページ www.shinnihon-net.co.jp

4
征服と抵抗のクロニクル
〜諏訪大社、物部守屋神社

「祈りの場」には、さまざまな神話や伝承が積み重なり、古層のごとく埋もれている。今となっては事実を確定するのは困難だが、暗がりを覆うベールを一枚ずつ剝《は》ぐようにして、諏訪大社の古層に分け入ってみる。

出雲から来た？　タケミナカタ

平安時代初めから続くという6年に一度の勇壮な神事「御柱祭《おんばしらさい》」で知られる諏訪大社《すわたいしゃ》。全国に約1万数千社あるとされる諏訪神社の総本社である。長野県のほぼ中央にある諏訪湖に臨む古社で、創建は不詳。古くは信濃国《しなののくに》で最も社格の高い一宮《いちのみや》であった。

湖の南側に上社本宮《かみしゃほんみや》（諏訪市中洲宮上）と前宮《まえみや》（茅野《ちの》市宮川）、北側（諏訪郡下諏訪町）に下社《しもしゃ》（秋宮と春宮）のある「二社四宮」からなる。

諏訪大社の祭神は「諏訪大明神」とも呼ばれる建御名方《たけみなかた》で、出雲大社《いずもたいしゃ》に祀られる大国主《おおくにぬし》の二男とされる。出雲族がなぜ諏訪にまでやって来たのだろう。

大国主の長男・事代主《ことしろぬし》はヤマト王権への国譲りを認めて服従するが、二男のタケミナカタはこれに抵抗し、国の支配権を求めてきた建御雷《たけみかづち》と一戦を交える。しかし、戦いに敗れて「州羽《すわ》の海《うみ》」（諏訪湖）まで逃げ延びたと『古事記』に記されている。ただ、『古事記』にのみ記されるこの神話は、ヤマト王権の力を誇示するために脚色された疑いがあるとも言われ、その真偽は不明だ。

新潟県糸魚川《いといがわ》市に残る伝承では、タケミナカタは大国主と高志国《こしのくに》（※1）の沼河姫《ぬなかわひめ》との子である。ヤマト王権の支配が及ばなかった時期、糸魚川は翡翠《ひすい》の産地として栄え、北《きた》ツ海《うみ》（日本海）を通じて出雲国と交易があった。沼河姫は同地の翡翠を支配する祭祀《さいし》の女王だったとされる。その子・タケミナカタは、糸魚川市を流れる姫川《ひめかわ》を遡《さかのぼ》り、諏訪の地に着いたという。

この伝承によれば、タケミナカタは出雲で

夕日と諏訪湖。諏訪湖はかつて諏訪大社本宮の入口あたりまで広がっていたという

諏訪大社上社本宮の入口

2022年春に行なわれた「御柱祭」で曳き出された。
長さ17メートル、重さ10トンほどもあるという

高志国の沼河姫を祀る諏訪大社春宮の子安社

はなく高志国から来たことになる。翡翠（を使った祭祀支配）を広げるためにやって来たのであろうか。古代において祭祀権は統治権と同義であった。諏訪大社には沼河姫も祀《まつ》られていることから、翡翠の威力はこの地にも及んできたことになる。

物部氏と守矢氏

一方、諏訪地方の神話ではタケミナカタは征服者であり、先住していた土着部族である「洩《もり》矢《や》の神」（守矢《もりや》氏の遠祖）から激しい抵抗を受けるが、やがて平定する。タケミナカタの子孫は大《おお》祝《ほうり》（生き神様）となった諏訪氏で、守矢氏に諏訪大社の祭祀を委ねることで諏訪の地を治めることができたとされる。

守矢氏には、朝鮮渡来氏族とされる初期大和政権の豪族・物部《もののべ》氏との関係を示す家伝が残る。仏教を受容しようとする大臣《おおおみ》・蘇我馬子《そがのうまこ》と、それに反対した大連《おおむらじ》（※２）・物部守屋《もりや》の仏教抗争を「丁未《ていび》の乱」（５８７年７月）と呼ぶが、この戦いで守屋宗家《そうけ》は滅亡した。しかし、守屋の子・武麿《たけまろ》が諏訪の地に逃げ延び、守矢家に養子入りしたとされ、守矢家の系譜27代に「弟君《おとうとぎみ》」と記される武麿の名が見える（※３）。

「石上神宮」の項で触れたように、天武の時代になって物部一族は〝復活〟を遂げるが、こうした伝承は「記紀」には記されていない。政治的な思惑が潜んでいるからであろうか。それとも、武麿を出雲族のタケミナカタに置き換えて、ヤマト王権の権威を示す神話に脚色したのであろうか。

国道152号線沿いの山腹に建つ物部守屋神社

守屋神社とミシャグジ信仰

本殿のない諏訪大社のご神体は、諏訪市と伊那《いな》市の境に聳《そび》える守屋山《もりやさん》である。その南麓、伊那市高遠町《たかとおまち》藤沢の地に建つのが物部守屋神社《もののべもりやじんじゃ》で、落ち延びた一族が守屋を追慕《ついぼ》して祀ったといわれる。国道152号線沿いに立つ鳥居から石段を上っていくと杉などの樹木に囲まれた中腹に拝殿が建ち、さらに急な石段の上には古びた社殿があった。守屋姓が多いという同地域は青石（輝緑岩《きりょくがん》）の産地で、全国に名を馳《は》せた「高遠石工《いしく》」がいたが、名工が代々輩出してきたのも守屋家であった。

諏訪大社前宮近くにある「神長官《じんちょうかん》守矢資料館」（茅野市）では、ヤマト王権の権勢が及ぶ以前からこの地に根を張っていた守矢家の紹介とともに、諏訪大社前宮での「御頭祭《おんとうさい》」（現・酉《とり》の祭）の復原展示を見ることができる。御頭祭は、春先、神前に75頭の鹿をはじめ魚、鳥、兎、猪などの獣肉を山のように盛り上げ、酒を献じ、篝火《かがりび》に照らされながら神と人とが合一化して饗宴を催す。生き物に感謝する獣魂祭という一面と、神前に捧げられる鹿の数が突出していることから、春先に農作物を荒らす鹿の数を減らすという害獣駆除の側面（生態系上の環境知）もあったのではないか。

また、諏訪を発信地に全国へと広まったのが石や樹木を精霊として崇《あが》める「ミシャグジ信仰」である（※4）。諏訪大社上社の筆頭神官（神長官）としてその神事を司ったのが守矢氏だった。ミシャグジ信仰は最も原初的な信仰とされ、外部から征服されても途絶えることなく生き続けてきた。征服と抵抗のクロニクル（年代記）に彩られた諏訪の地は、諏訪大社という祈りの場を持つことで一つのまとまり（＝協調と連帯）を形成してきた。地域を結集して繰り広げられる御柱祭はその象徴のように見える。

※1　現在の福井県敦賀地方から新潟県、山形県庄内地方の一部まで。8世紀初めに分割され、越前、越後、越中、能登、加賀の国に。
※2　大臣は大王の政務を補佐する執政官、大連は王権の軍事を司る役職。
※3　『神長官守矢史料館のしおり』（守矢史料館発行）の「守矢家系譜」より。
※4　シャグジ信仰ともいい、長野県に関連神社が集中。東京都練馬区の地名「石神井《しゃくじい》」が有名で、ここには石神井神社がある。

5

舟運と軍神「東国三社」
～鹿島神宮、香取神宮、息栖神社

古代の関東東部には「香取《かとり》の海」という内海が広がっていた。霞ケ浦《かすみがうら》、印旛沼《いんばぬま》、手賀沼《てがぬま》を含む広大な一帯。やがて、土砂の堆積で陸地ができると、利根川を挟んでトライアングル状に「東国《とうごく》三社《さんしゃ》」と呼ばれる神社が建つ。

タケミカズチを祀る鹿島神宮の入口

フツヌシを祀る香取神宮の楼門と奥の本殿。全国約400社の総本社

常陸利根川沿いに「一の鳥居」が建つ息栖神社

霞ヶ浦の北浦と鹿島灘《かしまなだ》に挟まれた地（茨城県鹿嶋市宮中《きゅうちゅう》）に建つのが、全国に約600社ある鹿島神社の総本社・鹿島神宮《かしまじんぐう》。古くは常陸国《ひたちのくに》（茨城県のほぼ全域）で最も社格の高い一宮《いちのみや》で、利《と》根川《ねがわ》右岸にある下総国《しもうさのくに》（千葉県北部など）一宮の香取神宮《かとりじんぐう》（香取市）、常陸利根川沿いに「一の鳥居」の建つ息栖神社《いきすじんじゃ》（茨城県神栖市《かみすし》）と共に「東国三社《とうごくさんしゃ》」と呼ばれる（※1）。

「国譲り」に登場する3神

『常陸国風土記』によれば、常総《じょうそう》地方（常陸国と下総国）と深い関わりをもつ祭祀《さいし》職の中臣《なかとみ》氏（藤原氏の旧姓・後述）がこの地に「香島《かしま》（鹿島）の神」を祀《まつ》るよう請願。「惣領《そうりょう》」の「高向《たかむこ》の大夫《まえつきみ》」がこれを了承し、7世紀後半に社殿が建てられる（※2）。

高向氏はその名の通り、高句麗《こうくり》系の渡来氏族だろうか。常陸国には古くから高句麗人が居住し、武蔵国《むさしのくに》に高麗郡《こまのこおり》が設置（716年）されると、ここから高麗人が移住していく。

鹿島神宮の祭神は諏訪大社の項で紹介した建御雷《たけみかずち》である。雷神あるいは剣の神とされるタケミカズチは出雲国との「国譲り」交渉に臨み、国の支配権を譲るのに抵抗した大国主の二男・建御《たけみ》名方《なかた》と戦って勝利する。戦いに敗れたタケミナカタは諏訪の地に逃げ延びたと『古事記』は記す。

「国譲り」交渉にタケミカズチと共に出雲に派遣されたのが、香取神宮の祭神・経津主《ふつぬし》で、『出雲国風土記』では「布都怒志《ふつぬし》」として登場する。「フツ」とは記紀神話に登場する神剣「布都御《ふつのみ》魂《たま》」を表し、フツヌシは「軍神」あるいは武功の神とされる。

息栖神社の主神は「久那斗神《くなどのかみ》」。クナドとは「来なところ」で「これ以上来てはならない場所」。

外敵や邪霊が侵入するのを防ぐとともに道中安全の守り神である。このクナドが「国譲り」交渉に向かうタケミカズチとフツヌシの先導役を務めた。

「東国三社」はいずれも利根川下流という舟運の要所にあり、物資輸送など東国開拓の拠点・水郷の地として栄えた。しかし、〝別の顔〟もあった。

東北・蝦夷征討の拠点に

７８１年に即位した桓武《かんむ》天皇の２大国家プロジェクトは、平安京の建設と東北にいた蝦夷《えみし》の征討だった。蝦夷とは「国譲り」に抵抗し各地に散った出雲族との説もある（※３）。大和朝廷は陸奥国《むつのくに》（福島県以北）を治める陸奥守《むつのかみ》を派遣していたが、８世紀末になっても東北全域を支配できず、激しく抵抗する蝦夷とヤマト王権との熾烈《しれつ》な戦いが続いていた。

蝦夷との戦いで軍事物資を水運で補給する最前線の軍事拠点となったのが鹿島神宮と香取神宮である。最終的に東北蝦夷の英雄とされる阿弖流為《あてるい》が降伏したのは９世紀初め（８０２年４月）で、ヤマト王権との30年戦争にようやく終止符が打たれた。平安京遷都の８年後のことである。

藤原氏の氏神に

鹿島神宮にほど近い地に建つ鎌足神社《かまたりじんじゃ》は中臣鎌足の出生地との説がある。『日本書紀』によれば、鎌足は臨終（６６９年11月14日）前日に「藤原」に改姓し、藤原氏の祖となる人物だ。

祭祀を担っていた中臣氏は、仏教をいち早くとりいれた蘇我氏と対立する。やがて蘇我馬子《そがのうまこ》が「丁未《ていび》の乱」（587年）によって物部守屋を滅ぼし、その子・蝦夷が大臣として政治の実権を握る。その息子・入鹿《いるか》と共に「蘇我独裁王権」と称されるほどの強大な権勢を振るうようになる。

この蘇我氏の専横を打倒しようと、蘇我入鹿を暗殺し、父・蝦夷を自害させて蘇我本家を滅亡させたのが鎌足と中大兄皇子《なかのおおえのおうじ》（のちの天智《てんじ》天皇）である（＝乙巳《いっし》の変・645年）。「大化の改新」という一連の政治改革は、この蘇我氏排除という血の粛清《しゅくせい》によって始まる。こうして藤原氏は政治の中心に躍り出て、やがて全盛期を迎えるのである。

平城京の守護のために768年に創建された春日大社（奈良市）には鹿島の神（タケミカズチ）と香取の神（フツヌシ）が祀られ、藤原氏の氏神ともなっている。中臣時代に縁深い東国の神を一族の支えにしたのであろう。

しかし、12世紀初めの平安時代末期にかけて王権が衰退すると、栄華を誇った藤原氏の権勢も後退。やがて平氏・源氏の武家政権へと移行していく。

※1　927年完成の『延喜式』神名帳で「神宮」と記されるのは伊勢、鹿島、香取の3社のみ。江戸時代には関東以北の人たちが伊勢神宮参拝の帰りに東国三社に立ち寄る慣習があり、「下三宮参り」と呼ばれた。
※2　秋本吉徳全訳注『常陸国風土記』（講談社学術文庫）に詳述。大夫《まえつきみ》とは上級官人のこと。
※3　高橋克彦『東北蝦夷の魂』（現代書館）に詳しい。

6

「天神さん」と怨霊鎮め
～北野天満宮、太宰府天満宮、道明寺天満宮、土師社

菅原道真の墓所の上に建てられた太宰府天満宮（福岡県太宰府市）

「学問の神様」で知られる菅原道真《すがわらみちざね》を祀《まつ》る天満宮《てんまんぐう》は全国に約1万5００社あり、「お伊勢さん」「諏訪神社」に次いで多い神社である。しかし、道真が祀られたのは学問に秀でていたからだけではない。祟《たた》りを恐れて建てられた「怨霊鎮め《おんりょうしず》」の神社でもある。

太宰府天満宮の太鼓橋

太宰府で失意の死

全国の天満宮の境内には「撫《な》で牛」と呼ばれる像が置いてある。これは菅原道真の亡骸《なきがら》を乗せた牛車《ぎっしゃ》を引く牛が、ある所で伏して動かなくなったという逸話に基づくものだ。その場所に道真の墓所が建てられた。

平安時代の845年に生まれた道真は33歳で文章博士《もんじょうはかせ》となり、若くして朝廷の文人社会の中心的存在になった。55歳で醍醐《だいご》天皇の右大臣に昇進するが、2年後の901年、天皇への謀反《むほん》を企てたとして都《みやこ》から九州・筑前国《ちくぜんのくに》の軍事・外交機関「太宰府《だざいふ》」に左遷される。これには冤罪《えんざい》説もあるが、事実上の流刑《るけい》で、子ども4人も島や辺境の地に流罪《るざい》。文字通りの一家離散である。道真は903年、太宰府の地で失意と絶望のうちに59歳で死去する。

〈東風《こち》吹かば　にほひおこせよ梅花《うめのはな》　主《あるじ》なしとて春を忘るな（春な忘れそ）〉

深い哀切漂うこの和歌は道真が左遷前に詠んだものである。

牛が伏したという道真の墓所の上に903年に創建されたのが太宰府天満宮《てんまんぐう》（福岡県太宰府市）である。ところがその後、「道真の祟《うら》り」（表5）とされる事故や事件が相次ぐ。関係者が次々と不幸な死に見舞われたのは左遷を恨んだ道真の怨霊の仕業《しわざ》とされ、その怨霊を鎮めようと44年後の947年に建てられたのが北野天満宮《きたのてんまんぐう》（京都市上京区《かみぎょうく》）だ。

祖先の霊を祀り崇拝する「祖霊信仰」とは異なり、非業の死を遂げた者の祟りを恐れ、その霊を鎮めるために祀る「御霊《ごりょう》信仰」は平安時代以降に広まっていくが、その代表的なものが天満宮なのである。「学問の神様」とはかなり趣旨が違うが、合格祈願をするとき道真の無念に思い

〈表5〉 **「道真の祟り」とされる出来事**

西暦	出来事
899年	菅原道真が右大臣に、藤原時平《ふじわらときひら》が左大臣に就く
901年	道真が太宰府に左遷される。時平と源光《みなもとのひかる》らの陰謀説あり
903年	道真が太宰府にて死去。59歳
909年	道真左遷の首謀者とされる藤原時平が39歳の若さで死去
913年	道真の後任として右大臣となった源光が鷹狩りの際、泥沼に落ちて溺死
923年	藤原時平を後ろ盾にした保明《やすあきら》親王（醍醐天皇の第2皇子）が父に先立ち19歳で急死。醍醐天皇は「道真の怨霊による仕業」とし、道真の太宰府追放を撤回し右大臣に復権
925年	保明の死から2年後に皇太子となった慶頼《よしより》（藤原時平の外孫）が5歳で死去
930年	醍醐天皇の清涼殿に落雷があり多数の死傷者（＝清涼殿落雷事件、7月）。犠牲者の中には時平に命じられ、太宰府での道真の監視役を務めた藤原清貫《ふじわらきよつら》もいた 惨状を目の当たりにした醍醐天皇は体調を崩し、3カ月後（10月）に死去

太宰府政庁跡（正殿）に立つ3基の石碑

を馳《は》せてもよいだろう。

ルーツは百済系「土師氏」

その道真のルーツは朝鮮半島にある。大阪府藤井寺市には、次章でも紹介するが、百済系とされる葛井氏《ふじいし》の氏寺・葛井寺《ふじいでら》があり、それが市名となっている。近鉄南大阪線・道明寺駅近くにある道明寺天満宮《どうみょうじてんまんぐう》（藤井寺市道明寺）は道真の叔母が住んでいた場所で、道真の第二の故郷であった。古くは土師《はじ》神社と呼ばれ、境内には元宮《もとみや》の土師社が建っている。実は、この「土師」が道真のルーツである。

『続日本紀《しょくにほんぎ》』（桓武《かんむ》天皇、781年）に、道真の曽祖父にあたる土師古人《はじのふるひと》が「居住地である大和国添下郡《やまとのくにそえじもぐん》

道真が左遷された太宰府政庁の跡地

道真の死から44年後、道真の怨霊を鎮めようと建てられた北野天満宮（京都市上京区）

「土師神社」と呼ばれていた道明寺天満宮（大阪府藤井寺市）の境内には元宮（本社）の土師社が建つ

菅原邑《すがわらむら》にちなんで、土師から菅原に改姓したい」と願い出て、これを許されたとの記述がある（※）。添下郡菅原邑は現在の奈良市菅原町で、ここにも菅原天満宮が建つ。

桓武と道真をつなぐ縁

土師氏は朝鮮半島から移住した百済系の一族で埴輪《はにわ》や古墳の造営に携わった。土師とは読んで字の如《ごと》く、土木の技師。この地には4世紀後半から5世紀後半にかけて築造された、藤井寺市と堺市《さかいし》、羽曳野市《はびきのし》にまたがる世界遺産「百舌鳥《もず》・古市《ふるいち》古墳群」がある。また、古墳時代の素焼きの土器を土師器《はじき》と呼び、一族の名が残る。

道明寺駅の隣は土師ノ里駅で、この地出身の土師真妹《はじのまいも》と百済王の子孫とされる和乙継《やまとおとつぐ》の娘が（のちに高野《たかの》に改姓する）新笠《にいがさ》だ。『続日本紀』はその高野新笠が桓武天皇の母であると記す。菅原姓を許した桓武と道真は共に百済系という縁《えにし》でつながる。次章でも改めて紹介するが、大阪の地は百済との関係がとても深い場所である。

※宇治谷孟・全現代語訳『続日本紀（下）』講談社学術文庫、1995年。

第4章

古代社会の実像〜渡来・移住・入植

1
〝お稲荷さん〟と秦氏の足跡
～京都伏見稲荷大社、広隆寺、松尾大社、上賀茂神社、下鴨神社

「国」という概念が希薄だった遠い昔、朝鮮半島から列島に多くの人が渡来してきた。その有力氏族の代表格が漢氏《あやし》と秦氏《はたし》である。その秦氏が興したのが〝お稲荷《いなり》さん〟だ。

秦伊呂具が創建

パワースポット「千本鳥居」で知られる伏見稲荷大社は、全国に約3万社ある〝お稲荷さん〟の総本宮。ヤマト王権と天皇家が重視した「上七社《かみしちしゃ》」の一つである。

社伝によれば、奈良時代初めの711年に秦伊呂具《はたいろぐ》が創建した。伏見稲荷大社はその前史で〈秦氏は朝鮮半島の新羅《しらぎ》地

伏見稲荷大社の狐

京都伏見稲荷大社境内の「千本鳥居」でパンフレット用の写真を撮影していた
京都医療福祉専門学校の学生

方の出身であろうと考えられています〉と記している。新羅語で「ハタ」とは「海」のこと。半島から海を渡って来た人との意味が込められているようだ（※1）。

稲荷は「伊奈利」

稲荷は元々「伊奈利《いなり》」と書いた。『山城国風土記《やましろのくにふどき》』逸文にこうある。

〈伊奈利と称するゆえんは、この地に古くから住む秦氏族の伊呂具が餅を的にして矢を射ったところ、餅が白鳥と化して飛び立ち、山の峰に降り、そこに稲が成ったので社名とした〉

これが伊奈利社の起こりを説いた最も古い記録だ。伊奈は「稲《いね》」で、「利」という字は穂先の垂れた植物（＝禾《のぎへん》）を、鋭い刃物（＝刂《りっとう》）で刈り取る様子を表している。つまり、稲の収穫である。

実際、伏見稲荷大社のある京都市伏見区深草は京都盆地でいち早く稲作が始まった地だ。２０００年余り前の弥生中期の農具（鍬《くわ》・鋤《すき》）や焼けた米などが、深草弥生遺跡から出土している。

伏見稲荷大社発行の『稲荷百話』に、秦伊呂具は山城国葛野《かどの》の県主《あがたぬし》（県の首長）賀茂久治良《かものくじら》の子との記述がある。第２章５節で神武《じんむ》と新羅の関係に触れたが、『山城国風土記』逸文によれば、賀茂氏は神武の東征を先導した人物である。秦氏と同じく新羅系だろう。賀茂氏の氏神を祀《まつ》るのが上七社の一つ、京都市の上賀茂《かみがも》神社（賀茂別雷神社《かもわけいかずちじんじゃ》）と下鴨神社《しもがもじんじゃ》（賀茂御祖神社《かものみおやじんじゃ》）である。秦一族の足跡はこれだけではない。

伏見稲荷大社本殿前

機織りの「ハタ」

秦氏の「ハタ」とは機織《はたお》りのハタとも言われ、蚕《かいこ》を飼育し絹織物の技術を列島に伝えた。『日本書紀』（雄略《ゆうりゃく》、470年）に、宮仕えをしていた秦酒君《はたのさけのきみ》が絹の布をうずたかく積み上げて朝廷に献上したので「太秦《うずまさ》」の姓を賜ったと記される。映画村で知られる京都市右京区太秦の地が秦氏の本拠地である。京都市の四条大宮駅から嵐山駅までを結ぶ路面電車・嵐電《らんでん》に蚕ノ社《かいこのやしろ》駅があり、その隣が太秦広隆寺《うずまさこうりゅうじ》駅だ。太秦広隆寺駅の向かいに京都最古の寺院である秦氏の氏寺・広隆寺（別名・秦公寺《はたのきみでら》）がある。

秦氏の本拠地・太秦にある広隆寺。聖徳太子信仰の寺で、国宝・弥勒菩薩半跏像は朝鮮半島で製作されたとの説も

すでに述べたように、日本最古の寺院・飛鳥寺《あすかでら》（奈良）が百済系との説がある蘇我氏によって建立され、京都最古の寺院・広隆寺は新羅から来た一族の氏寺として建立されたのである。これは「日本の古都」である奈良・京都がいかに半島の影響を受けているかを物語るものだ。

渡月橋の架かる桂川《かつらがわ》の畔《ほとり》、嵐山三山の一つ松尾山の麓にあるのが上七社の一つで、「酒造の神」で知られる松尾大社《まつおたいしゃ》である。ここは伏見稲荷大社を興《おこ》した伊呂具の兄・秦都理《はたのとり》が701年に創建した。境内には「お酒の資料館」もあり、ここに「日本第一醸造祖神」が祀られた由来や「酒の歴史と祈り」「酒造の工

上賀茂神社（京都市北区）の「立砂」。盛砂とも言い、一種の神籬（神の降りる憑代）とされる

松尾山の麓に秦伊呂具の兄・秦都理が創建した松尾大社

程」などが紹介されている。コメだけでなく「日本酒」もまた、半島から伝えられた醸造法が列島内で育まれたようだ。

山城は「秦の国」

第2章5節の「香春神社」で紹介した銅の精製をはじめ、稲作、絹織物、酒に至るまで多岐にわたる秦一族の影響力を伝えた記述が、岡山県吉備郡《きびぐん》教育会発行の『吉備郡史』（永山卯三郎《ながやまうさぶろう》著、1937年）にある。

〈大和の如《ごと》きは事実上、漢人《あやひと》の国。山城は事実上、秦《はた》の国〉

漢氏《あやし》については次項で紹介するが、朝鮮半島南部にあった小国・安耶《あや》（安羅《あら》）から来たとされる有力氏族である（※1）。つまり、ヤマト王権の中心地・大和（奈良）と山城（京都）の地を事実上支配していたのは、半島からの移住者である秦氏と漢氏だというのである。

大阪府寝屋川《ねやがわし》市にも太秦の地名があり、秦一族の拠点の一つだった。神奈川県秦野市《はだのし》は古墳時代末期（7世紀ごろ）に秦一族が開拓した地との説もあり、多数の土器製塩遺跡が残る若狭湾沿岸では秦氏一族による製塩事業が展開されていたとの指摘もある（※2）。このように、全国各地に秦氏の足跡が残っているのである。

※1　上田正昭『帰化人』（中公新書）、金達寿『日本古代史と朝鮮』（講談社学術文庫）などに詳しい。
※2　加藤謙吉『渡来氏族の謎』（祥伝社）。

2
明日香の地と「今木神」
～於美阿志神社、檜隈寺跡、平野神社

特別史跡のキトラ古墳、高松塚古墳をはじめ数多くの史跡が残る奈良県高市郡《たかいちぐん》明日香村《あすかむら》は、〝列島の古代〟がそっくり眠っている場所だ。この地に根を張ったのが、新羅系の秦氏と共に古代の職能集団を束ねた百済《くだら》系の漢氏《あやし》であった。

於美阿志神社境内の「檜隈寺」跡に建つ重要文化財の十三重石塔

漢氏の本拠地・檜前

古く朝鮮半島から来た人を「古渡才伎《こわたりのてひと》」と呼び、5世紀後半以降は「今来才伎《いまきのてひと》」と称した。才伎とは、優れた技術をもつ人のことで、この人たちを中心に古代の職能集団（＝部民制《べみんせい》）が組織された。

近鉄吉野線飛鳥《あすか》駅前を走る中街道から少し入った

明日香村檜前《ひのくま》の丘陵地に建つ於美阿志神社《おみあしじんじゃ》。ここが漢氏（東《やまとの》漢氏《あやうじ》）の本拠地であった。序章「消えた権現社の謎」の項で、浅草・三社祭《さんじゃまつり》の「三社」とは、朝鮮半島系の姓を持つ「檜前浜成《ひのくまはまなり》・竹成《たけなり》兄弟と土師真中知《はじのまなかち》」の三者だと述べたが、その兄弟ゆかりの地がここ檜前である。また、後述するように土師氏の氏神もこの地方と関わりが深い。

『日本書紀』によれば、漢氏の祖は3世紀終わり頃に〈党類17県の人々を率いて〉列島にやって来た〈阿智使主《あちのおみ》とその子・都加使《つかのお》主《み》〉とされる。しかし、実際に漢氏ら渡来系の人々が「檜前野」と呼ばれた原野に入植して開拓を進め、この地にまとまって居住した

於美阿志神社本殿

「今木神」を祀る平野神社（京都市北区）はかつて奈良の平城京内にあった

時期は5世紀後半以降とされる（※1）。漢氏の祖とされる阿智使主夫妻を祀ったのが於美阿志神社で、同じ敷地内にはかつて一族が建てた檜隈寺《ひのくまでら》があった。国の史跡に指定される檜隈寺跡には、高さ4メートル余の重要文化財・十三重石塔《じゅうさんじゅうせきとう》が静寂の中にひっそりと佇んでいる。

漢氏の祖・阿智使主は百済系とされ、朝鮮半島南部にあった伽耶《かや》諸国の一つ「安耶《あや》（安羅《あら》）」から来たので「漢《あや》」と称したとの説もある。一族は「百済才伎《くだらのてひと》」あるいは「今来《いまきの》漢人《あやひと》」と称された。

〈大和の如きは事実上、漢人の国。山城《やましろ》は事実上、秦《はた》の国〉との『吉備郡史』の記述を紹介したが、大和（奈良）を拠点とした漢氏の一族は製鉄や建築、軍事など多くの技術に長《た》け、山城（京都）に根を張った秦氏と共に古代の列島に先進技術を根付かせた。河内《かわち》（現在の大阪府東部）に分かれた一族が西漢氏《かわちのあやうじ》と呼ばれ、いずれも古代政権の政治、経済に多大な影響を及ぼしたのである。やがて明日香の地に百済から仏教が伝来すると、飛鳥時代と呼ばれる仏教文化が華開く。第3章で紹介した飛鳥寺がその象徴的な建造物の一つだ。

百済出身者の祖神

明日香村をはじめ奈良県中部の御所《ごせ》市、南西部の五條《ごじょう》市、吉野郡《よしのぐん》など広大な一帯は古代、「今木《いまき》（今来）地方」と呼ばれた。伊勢神宮の項で触れたように、古代に朝鮮半島から来た人を「今来る」と書き「今来《いまき》」と称した。この今木地方に住み着いた百済人の先祖の神が「今木神《いまきのかみ》」である。光仁《こうにん》天皇の妻となる百済系の高野新笠《たかののにいがさ》の祖神とされ、第3章6節「菅原道真《すがわらみちざね》のルーツ」の項で紹介した百済系・土師氏の氏神でもある。

その今木神を主祭神とする平野神社《ひらのじんじゃ》はヤマト王権と天皇家が重視した上七社の一つだ。元々は奈良の都・平城京内にあり、794年の平安京遷都に伴い現在の地（京都市北区）に移されて神社の最高位・正一位《しょういちい》を与えられた。今木神は「皇太子の守護神」とされる。なぜだろう。

桓武と母・高野新笠

平安京に都を遷《うつ》したのは高野新笠の子で、光仁を継いで天皇となった桓武《かんむ》（在位781～806年）である。皇位継承をめぐる血腥《なまぐさ》い歴史を背負う天皇家だが、桓武も当時その渦中にいて、遷都前には天災や近親者の不幸なども重なる。行く末を案じた母・新笠が、息子（皇太子）の守護を祖神に託したとしても不思議ではない。

百済系ゆえか、生前に皇后になれなかった新笠であるが、桓武は母の死後に「皇太后」の称号を贈り、その恩に報いた。

一方、桓武は第3章5節「東国三社」の項で紹介したように、ヤマト王権に抵抗する東北の蝦夷《えみし》征討に莫大な軍事費を投入するとともに、平安京造営もあって民の暮らしを疲弊《ひへい》させた。東北・蝦夷との戦いで発生した大量の捕虜を日本各地に強制移住させたことで、蝦夷社会を崩壊させただけでなく、移住先の地域の混乱も招いた（※2）。

桓武は亡くなる前年（８０５年）、遣唐使から帰国したばかりの最澄を幾度か招いて病気快癒のための読経などを行なわせている。翌８０６年に天台宗を開くことになる最澄の法力に期待したのだろう。しかし、その甲斐なく、８０６年3月に危篤に陥り、70歳で没した。桓武亡き後、いっときは安定の世に戻るものの、皇族の権力闘争や争乱などにより王権は次第に退潮期に入る。やがて、平安時代末（12世紀後半）には、以後明治時代まで続く武家政権に取って代わられるのである。

さて、桜の名所としても有名な百済系の神社が「平野」と名付けられたことを、しばし記憶に留め置いていただきたい。

※1 加藤謙吉『渡来氏族の謎』祥伝社、２０１７年。
※2 西本昌弘『桓武天皇　造都と征夷を宿命づけられた帝王』山川出版社、２０１３年。

◇コラム　多民族による混合文化

中国大陸および朝鮮半島から移住した人たちが列島に与えた文化・技術の影響は計り知れません。実際、最古の正史とされる『日本書紀』（720年完成）ですが、森博達《もりひろみち》氏の研究で執筆者は和人だけではないことがわかってきました（※1）。編纂《へんさん》を命じたのは天武天皇で、編纂したのは天武の子「舎人親王《とねりしんのう》」とされていますが、全30巻のうち14巻から21巻の8巻と、24巻から27巻の4巻の計12巻を執筆したのは2人の中国人でした。当時の学生に中国語の音読みを教える「音博士《おんはかせ》」と呼ばれる律令時代の職位がありましたが、その音博士である2人の唐人（続守言《しょくしゅげん》と薩弘恪《さつこうかく》）が計12巻を執筆したとされます。

また、『日本書紀』には「百済三書」と呼ばれる『百済記』『百済新撰』『百済本記』からの引用が計26カ所もあることから、日本に亡命した百済人が執筆した「百済三書」の記述を取り入れながら編纂されたとの指摘が複数の研究者から出されています（※2）。実際、「百済三書」には百済の内実が事細かに記述されており、その中から日本にとって都合のよい部分などを抽出して日本の権威を示すという〝工夫〟も施されているようです。

文字だけではありません。6世紀中頃には、列島に先進技術を伝えた人たちを組織化する「部民《べみん》制」という制度がつくられました。王権や軍事、行政、生産に関わる技能職業集団にそれぞれ名前をつけたのです。そのうち生産の部民は、海産物を扱う「海部《あまべ》」（海部《かいふ》とも読む）、鳥を飼育する「鳥取部《ととりべ》」、機織りで衣服を作る「服部《はとりべ》」、絹織物を作る「錦織部《にしごりべ》」、弓を製作する「弓削部《ゆげべ》」、馬の鞍を作る「鞍作部《くらつくりべ》」、土器を作る「土師部《はじべ》」、須恵器や陶器を作る「須恵部《すえべ》」、山を管理する「山守部《やまもりべ》」、川の渡し場を管理した「渡部《わたべ》」（渡部《わたなべ》とも読む）、馬を飼育した「馬飼部《まかいべ》」、犬を飼育した「犬養部《いぬかいべ》」などです。多くが現在の苗字につながっています。古代の技能集団の源流は海を渡ってきた人たちでした。このように、列島は多民族による混合文化で形成されてきたのです。

※1　森博達『日本書紀の謎を解く　述作者は誰か』中央公論新社、1999年。
※2　仁藤敦史「『日本書紀』編纂史料としての百済三書」国立歴史民俗博物館研究報告、2015年。

3

半島移住者による開拓の地
~氷川神社、出雲大社、高麗神社、聖天院

弥生時代後期の日本列島の人口は60万人近く。以後数百年の間に爆発的に増え、８世紀初めの奈良時代には４５０万人ほどになった（※1）。水稲農耕社会の拡大が主な要因とされるが、朝鮮半島からの移住者の急増も背景にある。

ＪＲ大宮駅東口から少し歩くと、美しい欅《けやき》並木に囲まれた広い参道が伸びている。埼玉県と東京都近郊に約２８０社ある素戔嗚《すさのお》などを主祭神とする氷川神社《ひかわじんじゃ》。その総大社が約３万坪の敷地をもつ大宮の氷川神社（埼玉県さいたま市大宮区）である。

出雲国から武蔵国へ

素戔嗚が新羅から出雲国《いずものくに》（現在の島根県東部）に来て、簸川《ひかわ》（斐伊川《ひいかわ》）を船で上り鳥上山《とりかみやま》（船《せん》通山《つうざん》）に着いたという『日本書紀』の記述を紹介したが、氷川の名はこの「簸川」から採られたとの説がある。社伝によれば、氷川神社は出雲族と呼ばれる出雲国からの移住者の氏神である。

そのため、氷川神社では出雲大社《いずもたいしゃ》（同県出雲市）の祭神・大国主《おおくにぬし》（大己貴《おおなむち》）も祀《まつ》っている。

日本海側に一大文化圏を築いていた出雲国はヤマト王権に敗れて国を譲ることになり（＝『古事記』にある「国譲り神話」）、その交換条件として建立されたのが出雲大社とされる。

しかし、ヤマト王権の支配に屈せず、列島各地に散った出雲族がいた。そのうち東北に行き着いた出雲族が蝦夷《えみし》になったとの説（※２）があり、それを裏付けるように出雲と東北の方言（いわゆるズーズー弁）は同じであるとの言語学の研究がある（※３）。

古代の武蔵国《むさしのくに》は現在の東京都と埼玉県全域、神奈川県横浜市と川崎市を含む広漠《こうばく》な一帯で、氷川神社や大國魂神社《おおくにたまじんじゃ》（東京都府中市）など出雲系の神社が20社ほどある。しかし、武蔵国に移住してきたのは出雲族だけではない。

高麗郡、新羅郡の設置

『日本書紀』によれば、６８７年と６９０年に武蔵国に新羅人が移住。７１６年には高麗郡《こまこおり》が設置され、相模《さがみ》（神奈川）、駿河《するが》（静岡）、甲斐《かい》（山梨）、上総《かずさ》・下総《しもうさ》（千葉、茨城西部）、常陸《ひたち》（茨城）、下野《しもつけ》（栃木）の７カ国にいた１７９９人の高句麗《こうくり》（高麗《こま》）人が移住してきた。高麗郡は現在の日高市《ひだかし》、鶴ケ島市《つるがしまし》、川越市《かわごえし》、狭山市《さやまし》、飯能市《はんのうし》など広大な郡域で、武蔵国には狛江《こまえ》（現在の東京都狛江市）など高麗人《こまびと》が居住したとされる地名が残る。

朝鮮半島北部の高句麗は６６８年に滅亡するが、滅亡前に使節として倭国《わこく》に来て、７０３年に「高麗王《こまのこにきし》」の姓《かばね》を与えられた若光《じゃっこう》がいた。若光は高麗郡の長官に任命され、この地で没する。高

さいたま市にある氷川神社の舞殿と奥に控える拝殿

坂口安吾や太宰治らが訪れた記録の残る埼玉県日高市の高麗神社。近くには高麗川が流れる

日高市にある高麗山聖天院の敷地内に建つ若光の像

麗川の流れる日高市の高麗神社《こまじんじゃ》に祀られ、近くには菩提寺の高麗山聖天院《こまさんしょうでんいん》もある。

武蔵国にはその後も移住が続く。733年に埼玉《さきたま》郡の新羅人53人が「金《こん》」の姓になり、758年には新羅人74人により新羅郡《しらぎこおり》が設置された。現在の和光市《わこうし》、朝霞市《あさかし》、新座市《にいざし》、志木市《しきし》、戸田市、東京都練馬区の一部、西東京市などこれも広大な郡域で、のちに「新座郡《しらぎぐん》」に改称した。この地域にはかつて新倉村《にいくらむら》、白子村《しらこむら》など新羅の文字が変化した地名が複数あり、志木市の「志木」も新羅であろう。

百済人も数千人単位で入植

これまで「移住」という言葉を使ってきたが、ここで「移住」「入植」という概念を整理しておこう。

移住とは、広辞苑によれば、他の土地または国へ移り住むことであり、2つ目の意味として、開拓・征服などの目的で種族・民族などの集団がある土地から他の土地へ移動・定住すること、とある。そして、入植とは、同じく広辞苑によれば、開拓する土地や植民地に入って生活することだ。また、開拓とは、山野・荒地を切り開いて耕地や（建物・橋脚・道路・施設などの）敷地にすることである。

つまり、移住と入植の意味は重なっている。そして、古代における移住とは単にそこに移り住むのではなく、未整備の社会的基盤（インフラ）を立ち上げる厳しい開拓・入植の道のりが伴っていた。

これまで見た通り、古代の関東のほぼ全域は茫漠《ぼうばく》たる未開地であり、その広大な山野・荒地は出雲や朝鮮半島などからの移住者による血と汗にじむ入植・開拓の地だったのである。

この時期、列島に移住してきたのは高麗、新羅人だけではない。660年の百済滅亡後8年ほどの間に、記録に残るだけで3100人余の百済人が近江国《おうみのくに》（滋賀県）や東国《あづまのくに》（関東地方）に移住した。記録に残らない移住・入植も多々あったであろう。むしろ、その方が圧倒的多数と思われる。

４波にわたる渡来の波

列島への渡来の波は、大きく４つの段階があったとされる（※４）。

まず、第1波は弥生時代の紀元前から紀元後にかけてで、列島に稲作などをもたらした。次に渡来のうねりが起きた第2波は4世紀から5世紀にかけてのヤマト王権の成立・発展期、さらに大きなうねりを見せた第3波は5世紀後半から6世紀初めの「今来才伎《いまきのてひと》」と呼ばれる新たな技術をもった各分野の人たちによる移住で、最後の第4波はこの項で述べた7世紀後半の百済・高句麗滅亡後の大量移住である。

古代の列島は半島からの移住者で溢《あふ》れ返っていただろう。

※１　鬼頭宏『人口から読む日本の歴史』（講談社学術文庫）に詳しい。
※２　高橋克彦『東北・蝦夷の魂』（現代書館）に詳しい。
※３　小泉保『縄文語の発見』（青土社）に詳しい。
※４　上田正昭『帰化人　古代国家の成立をめぐって』中公新書、１９６５年。

4
万葉歌人と百済の博士
〜伝・王仁の墓、和爾下神社、柿本寺跡

古代日本に文字が伝わったのは5世紀頃とされる。列島にはそれまで話し言葉はあったが、文字はなかった。朝鮮半島の国・百済から「王仁《わに》」という博士を招いて漢字を学んだ逸話が『日本書紀』に記されている。王仁の撒《ま》いた言《こと》の葉《は》の種《たね》は、やがて日本最古の和歌集『万葉集』に結実。代表的な万葉歌人たちもまた朝鮮渡来系との説がある。

王仁作『難波津の歌』

大阪府枚方市《ひらかたし》に「王仁の墓」と伝わる地がある。韓国の花・ムクゲの咲く入口から「百済門《くだらもん》」をくぐると、緑に囲まれた静寂の中に墓石が建っている。

大阪府の史跡となっている「伝・王仁の墓」(枚方市藤坂東町)の入口。枚方市には特別史跡「百済寺跡」や百済王神社もある

王仁の墓（大阪府枚方市）

『日本書紀』は、5世紀初め頃、百済から招かれた王仁が応神《おうじん》（※1）の皇太子に文字と学問を教え、文筆を司《つかさど》る「書首《ふみのおびと》」の始祖になったと記す。百済人の王仁から漢字を学んだということは、当時の倭国《わこく》では百済語が通じていたのだろう。明治期の「お雇い外国人教師」たちが英語などで日本の学生に教えたように、王仁も自国の百済語で漢字・文字を教えていったと思われる。

〈難波津《なにわづ》に咲くや木《こ》の花冬こもり　今は春べと咲くや木の花〉（※2）

王仁作とされる『難波津の歌』である。現在の大阪にあった難波津は百済からの船が着く港。冬ごもりしていた梅の花が春を謳歌するように綻《ほころ》ぶ光景に、列島の文字文化の開花を重ね合わせているようにも思える。平安時代にできた『古今和歌集』の序文で、紀貫之《きのつらゆき》はこの歌を「歌の父母」と称賛している。

『万葉集』と大伴一族

漢字の普及に伴い、8世紀初めの奈良時代から平安時代にかけて編まれたのが『万葉集』全20巻である。天皇や貴族から農民、防人《さきもり》（兵士）まで幅広い層の歌約4500首を収める稀有《けう》の歌集で、約半数（2000首余）が作者未詳だ（※3）。

代表的な撰者の一人が、自らも全体の約1割に当たる474首を詠んでいる大伴家持《おおとものやかもち》である。父・大伴旅人《たびと》や、女性として最多の85首が載る叔母・大伴坂上郎女《さかのうえのいらつめ》の歌もある。このように『万葉集』との関わりが深い大伴氏は、朝鮮半島北部の高句麗《こうくり》系渡来氏族との説があり（※4）、物部《もののべ》一族と共に初期大和政権の軍事と執政を担った。しかし、台頭してきた藤原氏の策謀で、旅人が太宰府《だざいふ》に左遷（727年頃）されるなど、大伴氏は8世紀から9世紀にかけて衰退していく。

〈新しき年の初めの初春の　今日《きょう》降る雪のいや重《し》け吉事《よごと》〉（新しい年初めに降る今日の雪のように、よいことが積み重なれ）

時に家持42歳。幾多の受難から希望を見出そうとするかのようなこの歌（759年作）が『万葉集』の最後を飾る。

「3大歌人」のルーツは

「万葉の3大歌人」の一人で、歌聖《うたのひじり》と称されるのが宮廷歌人・柿本人麻《かきのもとのひとま》呂《ろ》である。一族の祖は4世紀後半ごろ朝鮮半島から大和盆地に移住した和珥《わに》氏（和邇《わに》とも書く）とされる。奈良県

柿本寺のあった和爾下神社（奈良県天理市）

天理市にある和爾下《わにした》神社は元々、柿本氏の祖神を祀り、ここには柿本寺《しほんじ》もあった。柿本氏の氏寺で、ここに人麻呂の遺骨を葬ったと伝わる。柿本寺跡には「歌塚」も建つ。また、人麻呂の妻で同じく万葉歌人の依羅娘子《よさみのおとめ》も百済系である（※5）。

「貧窮問答歌」など『万葉集』に計78首を詠む異色の社会派歌人・山上憶良《やまのうえのおくら》も同じく百済系だ。百済滅亡（660年）後、4歳の憶良は父に連れられ半島から逃れ、近江国（滋賀県）に移住したとされる。近江大津宮《おおつのみや》に遷都（667年）した大王《おおきみ》・天智《てんじ》の侍医《じい》を務めた「憶《おく》（憶）仁《に》」が憶良の父との説がある（※6）。

〈田子《たご》の浦ゆ うち出《い》でてみれば真白にぞ 富士（不尽《ふじ》）の高嶺《たかね》に雪は降りける〉

生没年・官位ともに不詳の山部赤人《やまべのあかひと》には「百済野《くだらの》」を詠んだ名歌もある。百済野は百済寺のある奈良県北葛《きたかつら》 城《ぎ》郡《ぐん》広陵町《こうりょうまち》百済か橿原市《かしはらし》高殿町《たかどのちょう》あたりとされ、いずれも朝鮮渡来氏族が多く住んだ地域だ。山部氏は山の管理に当たる山守部《やまもりべ》の一族で、「扶余《ふよ》系の渡来人」との説がある（※7）。

「万葉仮名《かな》」といわれるが、今のひらがなのことではなく、『万葉集』はすべて漢文で書かれている。当時その素養があるのは半島などからの移住者とその子孫だった。8世紀初めの『日本書紀』も列島に移住した百済人らの協力なくして成立しなかった。実際、『日本書紀』には本国（朝鮮・韓国）には残っていない『百済本記』など「百済三書」からの引用が26カ所もある。仏教だけでなく漢字伝来と『万葉集』『日本書紀』などの成立の背景にも百済との交流があったことを示している。

柿本寺跡（奈良県天理市）には柿本人麻呂の歌碑と像が建つ

※1　当時「天皇」の称号はなく「大王《おおきみ》」と呼ばれた。

※2　難波津は大阪市中央区付近にあった港。当時の倭国の海の玄関口だった。この歌は全日本カルタ協会の競技前に「序歌」として詠み上げられる。

※3　「国民歌集」などと称賛される『万葉集』だが、品田悦一氏は『万葉集の発明・新装版』（新曜社、2019年）の中で、天皇を中心とした国民国家の精神的統一のための「文化装置」として「発明された」ことを論証している。

※4　畑井弘『物部氏の伝承』（講談社学術文庫）に詳しい。

※5　平安時代初期に編纂された古代氏族名鑑『新撰姓氏録』に「依羅連」の出自は「百済国人」とある。

※6　中西進『万葉歌人の愛そして悲劇　憶良と家持』（NHKライブラリー）などに詳しい。

※7　中国東北部から朝鮮半島北部にかけて存在した扶余《ふよ》族はのちの高句麗、百済の支配層になる。朴春日《パクチュンイル》『古代朝鮮と万葉の世紀』（影書房）に詳しい。

柿本寺跡の柿本人麻呂像

5 百済系フミヒト（史人）たちの里 ～葛井寺、辛國神社、伴林氏神社

かつての河内国《かわちのくに》（現在の大阪府南東部）は、古代のヤマト王権を軍事ではなく文事の面で支えた「フミヒト」（史人《ふひと》、史《ふひと》とも書く）たちの拠点であった。南河内地域は藤井寺市から羽曳野市にかけて広がる世界遺産「百舌鳥《もず》・古市古墳群《ふるいち》」で知られるが、古墳時代を経て、律令国家につながる列島の文字文化を行政面で支えたのがこの地にいた渡来系氏族である。

鉄剣に刻まれた文字

まず、文字をめぐる２つの鉄剣を紹介しよう。

第３章２節で紹介した奈良県天理市の石上神宮《いそのかみじんぐう》が所蔵する神宝《七支刀《しちしとう》》は、刀身の左右に３つずつの枝を出した鉄製の両刃の剣である。彫った溝に純金を埋め込む「金象嵌《きんぞうがん》」の技法で61文字が刻まれていた。銘文によれば、この鉄剣は３６９年に百済王（と太子）が倭王のために造ったと記されている。つまり、鉄剣も文字も百済で制作されたもので、それが倭国に贈られたということになる。

一方、倭国内で流通していたものとされるのが、埼玉県行田市《ぎょうだし》にある前方後円墳「稲荷山《いなりやま》古墳」から発掘された鉄剣である。そこに115字の金象嵌銘文が刻まれていることがX線調査で判明したのは1978年のことだ。銘文にある「辛亥年《かのとい》」は471年であり、「獲加多支鹵《わかたける》大王」とは第21代大王《おおきみ》とされる雄略《ゆうりゃく》であるというのが定説となっている。この鉄剣は雄略が東国の有力者に与えたものとされる（※1）。

雄略は考古学的にほぼ実在が確定している最初の大王である。古代中国の歴史を編んだ『宋書《そう》』倭国伝で「倭王武《ぶ》」と称される雄略は、鉄剣に銘文が刻まれた7年後の478年に、中国・宋の第8代皇帝・順帝《じゅんてい》（在位477～479年）に対して漢文で書かれた「上表文《じょうひょうぶん》」（君主に奉じる文書）を提出している。この文書は、列島にいた渡来系の文人が中国の古典の知識に基づいて書き記したものとされている（※2）。稲荷山古墳の鉄剣にある銘文また、渡来系文人の手になるものであったのだろう。

このように、5世紀後半には国内外の政治的な支配関係や交渉事に関わる形で文字が使われていたことがわかる。ただ、文字はまだ一般には広まっておらず、一部の支配層がその権勢を広げるために、列島に移住してきた漢文素養のある者に書かせて（あるいは、書いてもらって）いたのだろう。

フミヒト（史人）の組織化

列島に文字が伝わって以降、それまでの統治手段である祭祀《さいし》と軍事力に加えて、文書と記録による行政支配の拡大が可能となった。畿内《きない》を中心とした地方王朝であったヤマト王権が、中央集権的な律令制国家づくりを進めた原動力は「文字」であった。

前述のように、すでに5世紀後半から王権内に文字を扱う少数の移住者が存在した可能性があるが、それがやがて行政組織として定まっていくのは6世紀に入ってからだ。本章3節「半島移住者による開拓の地」の項で述べた「第2波の渡来」によって半島から移住した人たちを中心に、6世紀半ばから後半にかけて組織されたのが「フミヒト（史人）」あるいは「フヒト（史）」集団である。フミヒトは当初「文人《ふみひと》」ないし「書人《ふみひと》」と表記された（以後の記述は「史人《ふみひと》」に統一する）。

史人たちは国内外から届く産物・贈物を記録したり、各種の行政文書を作成したりする役目を担った。漢字は当時の〝国際語〟であったから、漢字の読み書きができるということは、漢字による会話もできる。したがって、史人たちは文書作成だけでなく外交も担った。自分たちの出身地である半島諸国（新羅、百済、高句麗）に赴き、活発な外交を展開することになる。

河内国の白猪史と葛井連

史人たちの主流をなしたのが、河内国《かわちのくに》に住む朝鮮半島からの移住氏族だった（※3）。南河内地域（現在の藤井寺《ふじいでら》市、羽曳野《はびきの》市、富田林《とんだばやし》市、河内長野市、松原《まつばら》市、大阪狭山《おおさかさやま》市、南河内郡太子町《たいしちょう》・河南町《かなんちょう》および千早赤阪《ちはやあかさか》村の6市2町1村）は古来、中国や朝鮮半島から移住した人たちが多く住み、先進文化と技術を広めた。この地に根を張ったのが、百済から渡来したとされる王辰爾《おうしんに》（船史《ふねのふひと》の祖）とその甥とされる白猪氏《しらいし》（胆津《いつ》、のちの葛井氏）の一族である。

歴史学者の加藤謙吉氏の分類によれば、史人を務めたおよそ70人の氏族のうち半数以上の37氏ほどが河内国に集中している。白猪氏も船氏らとともに文書・記録を扱った史人の1人で、のちに白猪史《しらいふひと》の姓《かばね》となる。

「姓」とは有力な氏族に与えられる称号で、「史」のほか「連《むらじ》」「臣《おみ》」「朝臣《あそん》」などがあった。『続日本紀《しょくにほんぎ》』（元正《げんしょう》天皇の条）によれば、白猪氏は720年（養老4年）に葛井《ふじい》氏に改姓している。改姓後、白猪史から葛井連《ふじいむらじ》となった。

葛井に改姓する前年の719年、白猪史広成《しらいのふひとひろなり》（のちの葛井連広成《ふじいのむらじひろなり》）は遣新羅使に任ぜられている。また、前項で渡来系の万葉歌人を紹介したが、葛井広成もその1人で、『万葉集』に3首が採録されている。一族と思われる葛井連子老《こおゆ》も736年に遣新羅使の一員となっており、同じく『万葉集』に挽歌3首が載る歌人であった。このように日本最古の歌集『万葉集』に登場する渡来系氏族は実に多い。「連」の称号をもつ彼らは高位の豪族であっただけでなく、当時の文化人であり知的エリートでもあったのである。

史人（フミヒト）の系譜につながる葛井広成の創建と伝わる
葛井寺の四脚門（西門）

広成が創建した葛井寺

その葛井広成の創建と伝わるのが葛井寺《ふじいでら》である。大阪府藤井寺市の中心地、近鉄南大阪線の藤井寺駅から商店街と住宅街を抜けて5分ほど歩くと、市の名称の由来ともなった葛井寺に着く。正式名称は真言宗御室派《おむろは》・紫雲山《しうんざん》葛井寺。葛井氏の祖先を祀る氏寺として飛鳥時代の7世紀後半に創建したとされ、当初は「剛琳寺《ごうりんじ》」と称した。『剛琳寺勧進帳《かんじんちょう》』（1511年）には、天武天皇（在位673～686年）の勅願で伽藍《がらん》が造営され、その後、百済系の僧侶・行基《ぎょうき》（648～749年）によって本尊の開眼供養がなされたと記される（※4）。行基については次項でも紹介するが、この地が百済との縁が深いことがわかる。

物部氏の祖先を祀ったという辛國神社（大阪府藤井寺市）

行基が開眼したという本尊は1952年に国宝に指定された《十一面千手観音《せんじゅかんのん》坐像》である。また、同寺には2023年3月13日付で大阪府から有形文化財に指定された室町期の《葛井寺参詣曼荼羅《さんけいまんだら》》も残る。葛井寺は平安末期から中世以降、「西国《さいごく》三十三所第五番札所」として、観音信仰の広がりとともに多くの巡礼者、参詣者を集めた。

葛井寺の近くには、初期大和政権を支えた軍事氏族・物部

道明寺天満宮（大阪府藤井寺市）の本殿

氏の祖先を祀ったという辛國神社《からくにじんじゃ》があり、物部一族の辛国連《からくにのむらじ》が祭祀を担い、のちに辛國神社と称したと伝わる。その物部氏と共に軍事を中心に担った豪族・大伴《おおとも》氏の支族が祖先を祀ったとされるのが、同じ藤井寺市にある伴林氏神社《ともばやしのうじのじんじゃ》である。いずれも平安時代に「官社」に指定された「式内社《しきないしゃ》」であった。また、第3章「菅原道真のルーツ」でも紹介したように、この地には道明寺《どうみょうじ》天満宮《てんまんぐう》もあり、百済系とされる土師氏《はじし》の里でもあった。

　このようにヤマト王権の成立と伸長、およびその後の律令国家づくりに軍事・文事の両面で深く関わってきたのが朝鮮半島から移住した多くの氏族であった。

※1　上田正昭『私の日本古代史（上）天皇とは何ものか――縄文から倭の五王まで』新潮社、2012年。

※2　吉村武彦編著『古代史の基礎知識』角川選書、2005年。

※3　加藤謙吉『渡来氏族の謎』祥伝社、2017年。

※4　『有形文化財　葛井寺参詣曼荼羅』大阪府教育庁文化財保護課、2023年3月。https://www.pref.osaka.lg.jp/hodo/attach/hodo-47048_8.pdf

6
聖武と百済系の僧たち
～奈良の大仏を建てたのは誰か〈上〉・東大寺

朝鮮半島西南部にあった国・百済から仏教が伝来した約２００年後、古都・奈良に巨大な金銅像《こんどうぞう》「奈良の大仏」が誕生した。その建立の背景を見ていこう。

創建時の高さ5丈《じょう》3尺《じゃく》5寸《すん》。今より1・3メートルほど高い16メートル余（※1）。５階建てビルに相当する巨大な仏像の出現に、奈良の都《みやこ》はさぞ沸き立ったことであろう。

奈良時代（8世紀）に聖武《しょうむ》天皇が国力を尽くして建立したとされる「奈良の大仏」（正式名は盧舎那仏《るしゃなぶつ》）。しかし、言う

平城宮跡歴史公園（奈良市）に復原された朱雀大路と高さ約 20 メートルの朱雀門

東大寺南大門にて

東大寺大仏殿に座す盧舎那仏。座高は 14.98 メートル、
手のひらの長さは1.48 メートルある

までもなく、実際に建てたのは聖武ではない。当時の時代背景と造立《ぞうりゅう》に関わった人々を見ていくと、古代日本の実相が浮かび上がる。その前に、まず、奈良の都（平城京《へいじょうきょう》）の風景を概観してみよう。

平城京の風景

平城京が築かれたのは710年である。唐《とう》の都・長安《ちょうあん》をモデルに本格的な都市計画に基づき造営された。東西約4・3キロ、南北約4・8キロ。北辺に1キロ四方の内裏《だいり》（宮殿）が置かれた。南面に正面玄関の羅城門《らじょうもん》（羅生門《らしょうもん》）が開くと、そこから幅約70メートル・延長4キロ近くの朱《す》雀大路《ざくおおじ》が中央を南北に貫き、正門としての朱雀門が建つ。

平城京は中国大陸や朝鮮半島をはじめ中央アジア、インド、ベトナムなどから多様な民族が訪れる国際都市になるが、貴族と呼ばれるごく一部の特権階級のために、その他大勢が苦難を強いられる社会だった。

平城京の人口は約10万人（一説では20万人）とされ、うち貴族はわずか百数十人。役人は1万人程度で、残り9万人（あるいは19万人）が農民などの庶民だった。

貴族の館《やかた》は湿気を通さない高床式で、農民ら（※2）の家は地面を数十センチ掘り下げ、茅葺《かやぶき》で覆っただけの柱すらない粗悪なものだった。農民は割り当てられた田畑（口分田《くぶんでん》）を耕し、男は3人に1人の割合で兵役があり、女は蚕《かいこ》を飼って絹を織り、麻を植えて布を織る。過酷な労働に耐えきれない者は浮浪者となり、大きな土木工事のたびに都は仕事を求める浮浪者で溢《あふ》れたという（※3）。

社会変革僧・行基の登場

悲惨な暮らしに苦しむ民衆に仏道を説きながら、河川改修や堤防・橋脚の築造、施療院など今で言う民生事業を各地で興《おこ》し、連日数千から数万の人々を集めたとされるのが遊行の僧（※4）・行基《ぎょうき》である。もともと、橋を架ける技術は朝鮮半島から伝わったが、河内国《かわちのくに》（現在の大阪府堺市）で生まれた行基は百済系の渡来氏族出身で、行基の師である道昭《どうしょう》も義淵《ぎえん》も百済系である。

生活苦にあえぐ民衆の心をつかんで圧倒的な支持を得た行基に対し、大和朝廷は民心を惑わす危険人物として弾圧を加えた。しかし、号令一下で多くの技術者や労働者を動かせる「渡来系ネットワーク」を形成していた彼らを敵に回すのは得策ではないと、やがて考えを改める（※5）。

聖武が協力要請

聖武は７３１年に行基らへの弾圧をゆるめると、三笠山《みかさやま》の麓に７３３年に創建した金鐘寺《きんしょうじ》（東大寺《とうだいじ》の前身、金鐘寺《こんしゅじ》ともいう）の運営を、行基と同じ義淵の弟子だった良弁《ろうべん》に委ねる（※6）。義淵は大和国高市郡《やまとのくにたけちぐん》（現在の奈良県高市《たかいち》郡）出身の百済系とされる法相宗《ほっそうしゅう》の僧侶で、相模国《さがみのくに》（現在の神奈川県西部）の出身とされる良弁もまた百済系であった。

さらに、聖武は７４０年、構想中の大仏建立への協力を行基に依頼する。行基はこれを承諾し

1998年に復原された朱雀門（奈良市）

た。その3年後、聖武は正式に大仏建立の大号令（＝「盧舎那仏造営の詔《みことのり》」743年10月15日）を発したのである。これにより、いよいよ世紀の大事業「奈良の大仏」造立が始動する。

それから9年後の752年4月9日、伝えられるブッダ生誕日の翌日、華厳宗《けごんしゅう》の大本山・東大寺で空前の国際的仏教セレモニー「奈良の大仏開眼《かいげん》供養」が開かれた（＝次節で概要紹介）。引き続き、完成までの苦難の道のりを見ていこう。

※1　大仏は地震、焼き討ち、大嵐などで壊れ、そのつど再建された。現在の大仏は1691年に建てられたもの。

※2　当時の民衆は良民（農民など）と賤民（奴婢＝奴隷）とに身分が分かれていた。

※3　中西進『古代史で楽しむ万葉集』（角川ソフィア文庫）などに詳しい。

※4　特定の寺院を離れ、各地を巡り歩き修行や布教に励む僧侶のこと。

※5　杉山二郎『大仏建立』（学生社）、金達寿『日本古代史と朝鮮』（講談社学術文庫）などに詳しい。

※6　良弁はその後開山された東大寺を統括する初代別当に。行基は745年、僧侶のトップである大僧正に就任する。

近鉄奈良駅前に立つ行基の像

7

渡来系の総力挙げたモニュメント
～奈良の大仏を建てたのは誰か〈下〉・辛国神社

奈良時代に華開く煌《きら》びやかな天平《てんぴょう》文化。しかし、その幕開けは凶変《きょうへん》が重なる不穏なものとなった。暗雲を一掃しようと、聖武天皇が命じた大仏建立。前節に続き、日本が誇る世界最大級の金銅像、その完成までの苦難の道のりを辿る。

世情は混乱、仏教に救い求める

大仏建立の前夜、729年に始まる天平の時代は皇位継承にからむ謀反《むほん》事件や大地震、藤原広嗣《ふじわらのひろつぐ》の乱などが起き、世情はひどく混乱、荒廃した（＝表6参照）。

聖武は仏教に救いを求め、全国62カ国に「国分寺《こくぶんじ》」を建てるよう命じ、東大寺を「総国分寺」に位置づ

盧舎那仏を安置する東大寺大仏殿（奈良市）

〈表6〉 天平時代と大仏造立の歩み

西暦	出来事
724年	24歳の聖武が天皇に即位
729年	奈良時代の最盛期「天平時代」始まる。皇位継承にからむ「長屋王《ながやおう》の変」
734年	「天平の大地震」発生。余震はその後何年も続き、各地で疫病が流行
740年	太宰府に左遷されていた藤原広嗣《ふじわらのひろつぐ》が九州各地の軍勢5000人と共に反乱。 聖武は1万7000人余の軍を送り制圧。九州は血の海に 聖武がそれまで弾圧していた行基《ぎょうき》に「大仏建立」への協力を要請
741年	全国に「国分寺」建立を命じる
743年	大仏造立の詔《みことのり》発す
745年	行基が僧侶のトップである大僧正《だいそうじょう》に
746年	国中公麻呂が「造立長官」に。翌年から大仏の鋳造開始
749年	行基、82歳で死去。百済王敬福《くだらのこにきしきょうふく》が黄金発見
750年	大仏の鋳造完成
751年	良弁《ろうべん》が東大寺の初代別当《べっとう》（統括者）に
752年	インドの僧・菩提僊那を導師に「大仏開眼供養」の式典
756年	聖武、56歳で死去

ける。しかし、地震後の疫病《えきびょう》や飢饉《ききん》などで疲弊する地方での建立は進まなかった。その2年後（743年）、聖武は大仏建立の大号令をかけるのである。

総指揮者・国中公麻呂

もとより巨大な像の造立には熟練の技術者とそれを支える多くの民《たみ》の力が必要である。聖武が、一時は弾圧した百済系の僧・行基や良弁に協力を要請し、各種の技術や労務をこなす「渡来系ネットワーク」を動かすことのできる彼らを次々と要職に就けていくのはそのためだ。

大仏製作の総指揮をとったのは同じく百済系の仏師・国中公麻呂《くになかのきみまろ》だった。公麻呂の祖父・国《こく》骨富《こつぷ》は百済の高官で、百済滅亡（660年）後に渡来し大和国葛下郡《かつげぐん》国中村（現・奈良県葛城《かつらぎ》市《し》）に居住した。

聖武は746年に公麻呂を「造仏長官」に任命。翌年9月、大仏の鋳造作業が開始される。鋳造師には高市真国《たけちのさねくに》（大国《おおくに》）、高市真麿《たけちのさねまろ》、柿本男玉《かきのもとのおだま》、大工棟梁《とうりょう》に猪名部百世《いなべのももよ》らが就き、トップの公麻呂を支える。彼らはいずれも大和国高市郡に住み着いた百済系渡来氏族の代表だった。

百済王敬福が黄金発見

鋳造は3カ年、8回にわたり重ねられた。しかし、技術的な困難さに加えて物資不足、とくに像の表面に塗る金が足りず、壁にぶち当たる。そこに朗報が入った。

百済滅亡後に倭国に移住した百済王族の子孫で陸奥国《むつのくに》（現在の東北東部）の国司《こくし》を務めていた百済王《くだらのこにきし》敬福《きょうふく》から小田《おだ》郡（現在の宮城県遠田《とおだ》郡）で「金発見」の一報が届く。７４９年４月、黄金９００両が駅《はゆま》（速い馬）で都に運び込まれ、聖武は狂喜した。

しかし、またしても難題が持ち上がる。融解した銅が鋳型の隅々まで滑らかに流れていかない技術的な欠陥が露呈したのだ。その解決への道筋をつけたのは宇佐《うさ》八幡宮《はちまんぐう》（宇佐神宮）であった。第２章で紹介した新羅から香春《かわら》の地に渡来した銅精製技術集団がその不備を解消したのであろう。

一体どれだけの人が造立に関わったのか。『東大寺要録』によれば、鋳造技術者37万２０７５人、その配下の労働者51万４９０２人、材木関係技術者５万１５９０人、その配下の労働者１６６万５０７１人、合計２６０万３６３８人である。また、使われた材料は熟銅《じゅくどう》（製錬銅）73万９５６０斤《きん》、白鑞《しろめ》（鉛と錫の合金）１万２６１８斤、錬金１万４３６両、水銀５万８６２０両、木炭１万６６５６斛《こく》とされる。

斤とか両、斛などという単位は現在では使われていない。なぜか「食パン１斤」などと使われているが、現在の単位に換算すると、１斤は６００グラム（日本パン公正取引協議会が定める食パン１斤は３４０グラム以上）、１両は37・５グラム、１斛（斛は「石」とも書く）約１５０キログラムになる。たとえば、錬金は１万４３６両なので、約４００キログラムもの金《きん》が使われたことになる。今も昔も金が稀少、高価なものであることは言うまでもない。このように、莫大な人とカネとモノを注ぎ込み、７５０年１月27日、大仏鋳造が完成したのである。

大仏殿東隣の丘陵地に建つ辛国神社（奈良市）。
大仏殿や大仏造立に貢献した朝鮮渡来系の人たちを祀るとの説も

大仏殿東隣に建つ
辛国神社

７５２年４月９日の「大仏開眼供養」の導師を務めたのはインドの僧・菩提僊那《ぼだいせんな》だった。僊那は日本の僧から招請を受けて７３６年に訪日していた。正装の僧１万人が見守る中、僊那の筆で開眼した大仏の前で華やかな祝典が催された。皇室伝統の舞のあと中国の唐散楽《とうさんがく》、ベトナムの林邑楽《りんゆうがく》、朝鮮の高麗楽《こまがく》と異国の音楽舞踊が続いた。この３国は東アジア圏有数の金の産出国とされる。

東大寺の初代別当《べっとう》に就いた

良弁は、この慶賀の光景を胸の内で、兄弟子・行基に報告したであろう。行基は大仏完成を見ることなく3年前に他界していた。体調悪化を押して式典に臨んだ聖武も4年後に56歳で没した。

すでにお分かりだろう。奈良の大仏は、朝鮮（韓国《からくに》）渡来系の僧や技術者らの総力を挙げた一大モニュメントであり、東アジア圏の協力の産物であった。建立に貢献した多くの名もなき渡来系労働者を讃えるかのように、大仏殿東隣の丘陵地には辛国神社《からくにじんじゃ》が建てられている。

◇コラム　「氏姓を与えよ」女帝・孝謙の宣言

体調が悪かった聖武の生前、７４９年に皇位を継いだのは娘の孝謙《こうけん》でした。孝謙は父・聖武の1周忌（７５７年）に際して、朝鮮半島の高句麗、百済、新羅から移住してきたすべての人に氏《うじ》と姓《かばね》を与えるよう命じました。

氏と姓は現在ではどちらも苗字の意味ですが、古代においては姓《かばね》とは地位を表す称号で、「臣《おみ》」とか「連《むらじ》」などがあり、氏とは一族・血族を表すグループ名のことで、地名や職業に由来するものがありました。孝謙は、その姓と氏を朝鮮半島から来た人たちの「望む者にはすべて与えよ。戸籍の記載に姓（氏）や族の記入がないのは、道理に合わぬので、改正すべきある」と命じたのです（『続日本紀』孝謙の条、７５７年4月4日）。※

これまで朝鮮から渡来した王族や貴族、高官、一部の技術者・専門職には姓と氏がありました。「奈良の大仏」の項で紹介した百済王《くだらのこにきし》敬福《きょうふく》や国中公麻呂《くになかのきみまろ》などがそうですが、それ以外の多くの庶民には姓や氏がなかったのです。着る服の色さえ身分によって決められていました。では、なぜ孝謙はこの時期に「道理に合わぬ、改正すべき」と声を上げたのでしょう。

女性天皇である孝謙が父・聖武から帝位を譲られたのは31歳のときでした。大仏完成の前年のことです。つまり、20代の孝謙は、父がどのような苦労をして大仏建立に取り組んできたか、一時は弾圧した行基ら百済系渡来人ネットワークに協力を仰ぎ、この大仏造立を完成させたことなどをつぶさに見てきたのです。「道理に合わぬ」「望むものにはすべて姓と氏を与えよ」という宣言の真意は、そうした背景を考慮して見るべきでしょう。

実際に大仏を作ったのが誰か、誰の協力でこの大仏ができたのか。彼女はそれを知っていたのです。人として差別しているのが恥ずかしくなったのではないでしょうか。天皇家については「終章」で触れますが、豪族と呼ばれていた蘇我氏、物部氏、大伴氏ら天皇家の側近にいた氏族の出身も朝鮮半島だとの説があり、秦氏や漢氏など京都・奈良を事実上支配していた氏族も朝鮮半島から渡来した人々です。孝謙はそうした矛盾に気づき「道理に合わぬ、改正すべき」と声を上げたのではないでしょうか。

当時の庶民は「良民《りょうみん》」（農民など）と「賤民《せんみん》」（奴婢《ぬひ》＝奴隷）に分けられていましたが、孝謙は奴婢を解放したことでも知られています。それまでの〝秩序〟を壊すかのような孝謙の行動に、藤原氏ら周囲の男たちは眉をひそめたでしょう。彼女はいったん退位し太上天皇《だいじょうてんのう》となったあと、７６４年からは再び称徳《しょうとく》天皇として復帰します。孝謙・称徳は行基と同様、百済系の僧・義淵《ぎえん》を師と仰ぐ僧侶・道鏡《どうきょう》との関係がさまざまに取り沙汰されますが、藤原仲麻呂と戦い抜くなど男社会の建前とメンツと利権を背景とした権力抗争の中で奮闘します。生涯独身で子はなく、皇位復帰から6年後の７７０年8月、平城宮で没しました。53歳でした。

※宇治谷孟・全現代語訳『続日本紀（中）』講談社学術文庫、１９９２年。

終　章　〝古代の闇〟に光を

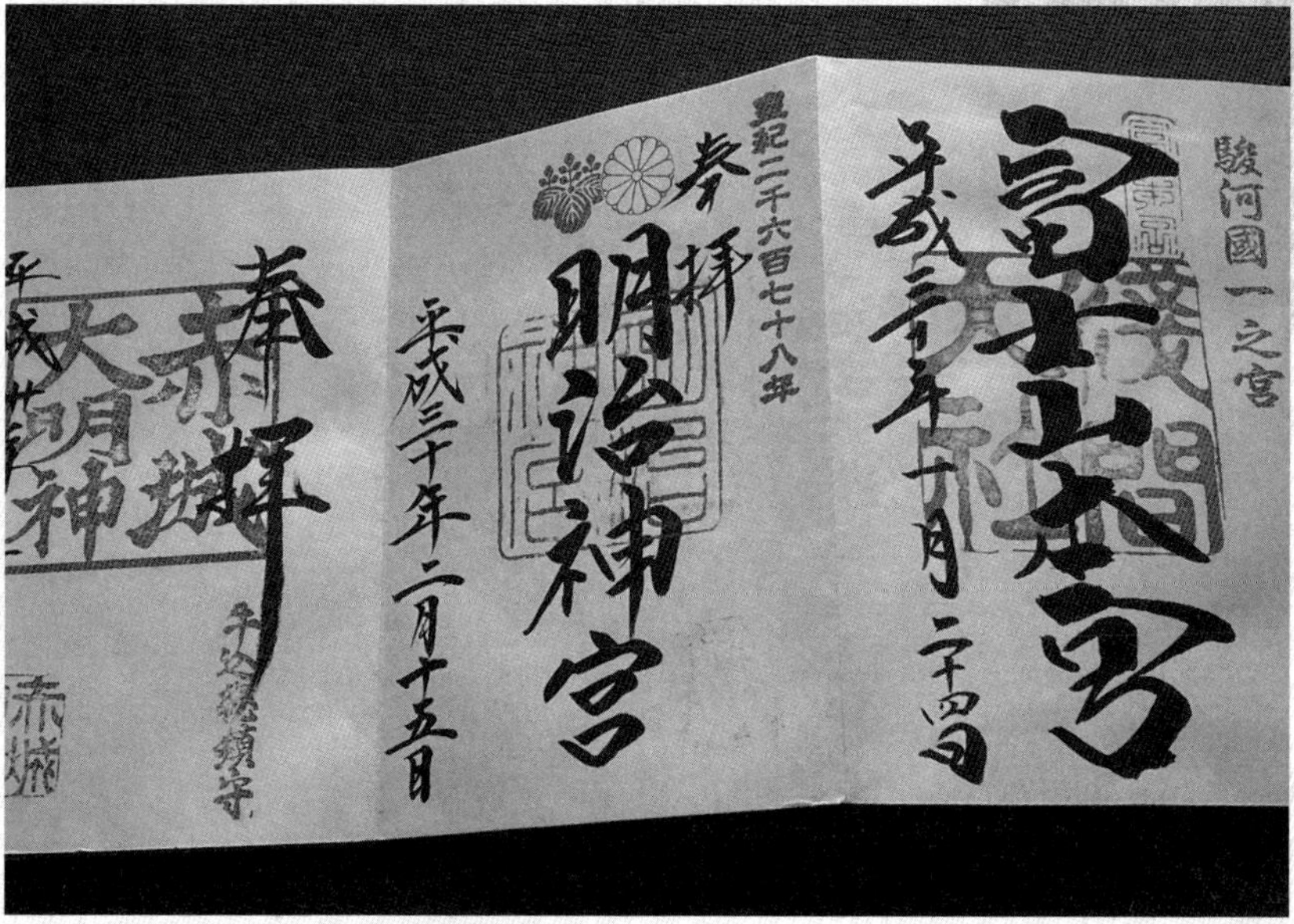

御朱印張を集めている人も

1
焼却された出自文書
～『浪華上古図』、百済王神社、百済寺跡、『神皇正統記』

伊勢神宮近くの「韓神山《からかみやま》」の名が現在の地図から消えていることを第3章3節で紹介したが、古代の首都圏にも消された地名があった。ただ、地名だけでなく、皇族・氏族の出自をめぐる文書も古代に消去・隠蔽《いんぺい》された可能性がある。

古代の首都にあった「百済郡」

今の関東地方にあった武蔵国《むさしのくに》に高麗郡《こまのこおり》、新羅郡《しらぎのこおり》が置かれたことを「半島移住者による開拓の地」で紹介したが、それは地方に限ったことではない。古代の首都圏（畿内《きない》）にも朝鮮半島にあった国の名をつけた地名などが多数存在した。

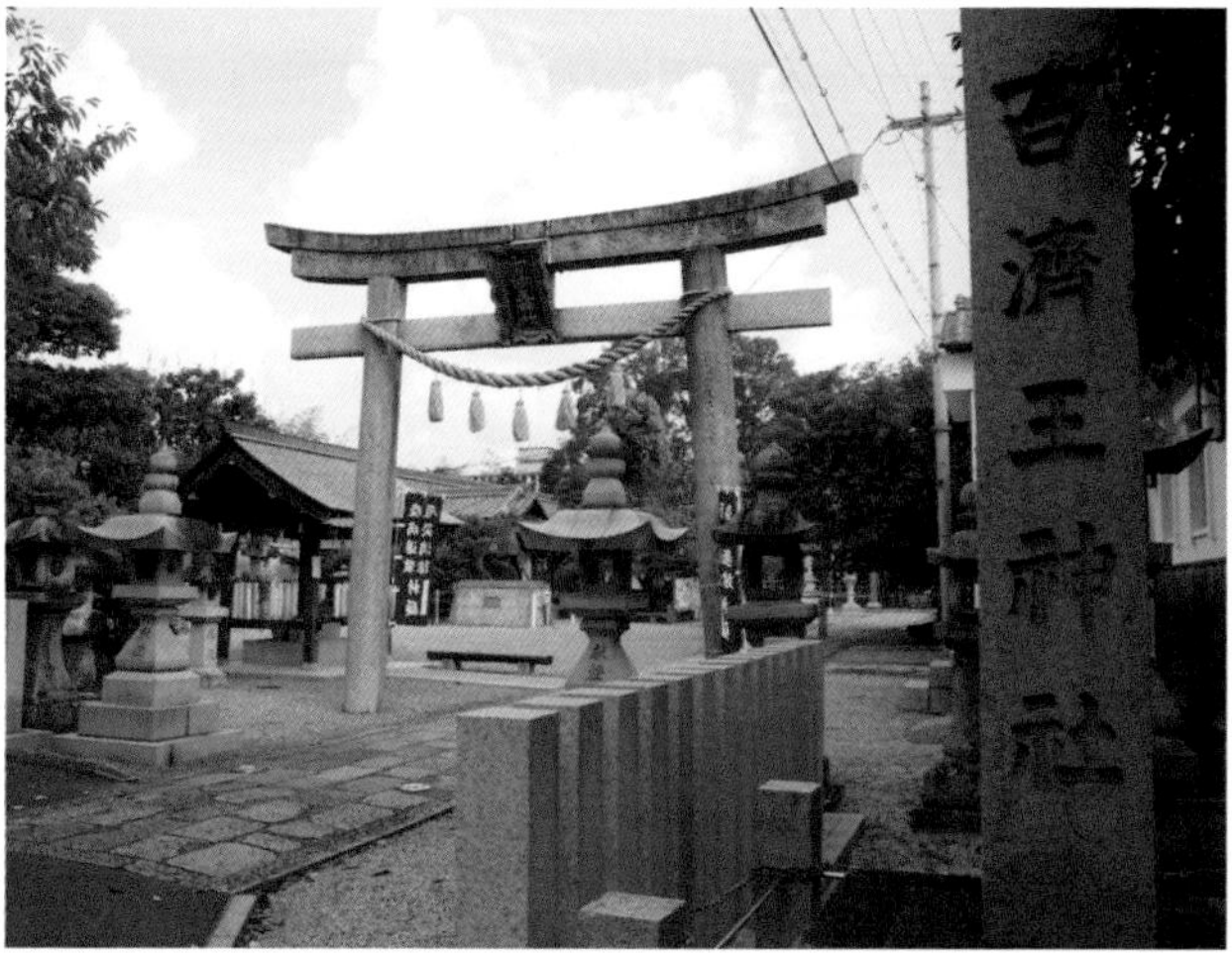

特別史跡・百済寺跡に隣接して建つ百済王寺神社（大阪府枚方市）

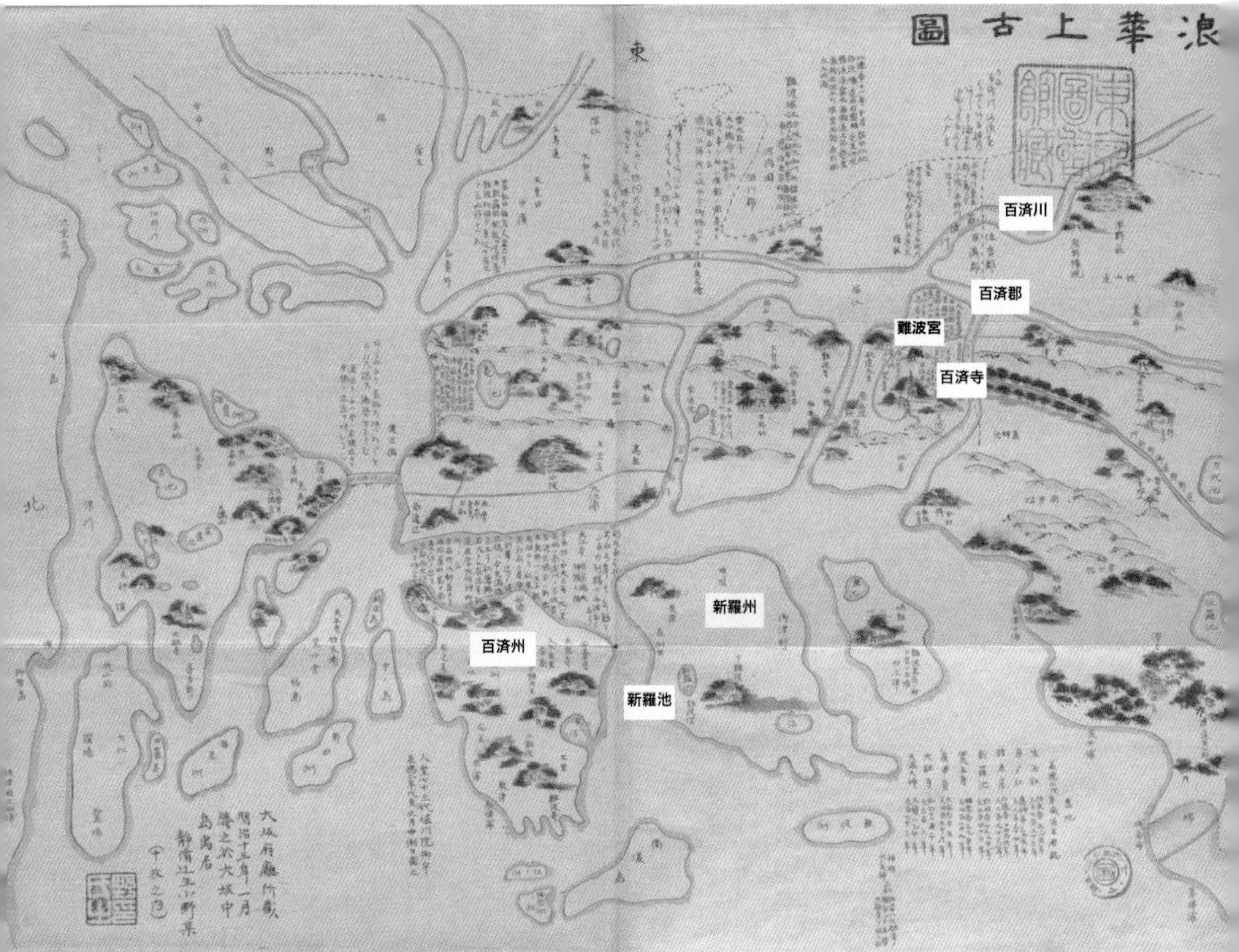

大阪府庁が明治時代に所蔵していた『浪華上古図』（国会図書館蔵）。1098年（承徳２年。堀河天皇の時代）とされる。この時代にはすでに「難波宮」はないが、「新羅州」「百済州」「百済郡」などの地名とともにマーカーをつけて分かりやすくした

平安時代の『浪華上古図《なにわじょうこず》』を見ると、今の大阪市中心部（生野区《いくのく》、天王寺区あたり）に「百済郡《くだらのこおり》」があり、「百済州」や「新羅州」「新羅池」もあった（＝地図参照）。これ以外にも古代の地名を記した古地図が複数、国会図書館に保管されている。具体的には、村上・冷泉《れいぜい》・円融・花山天皇《かざん》（926年〜1107年）の時代のものとされる『難波図《なにわず》』や堀河天皇（在位1087〜1107年）の時代のものとされる『摂津国三津浦図《せっつのくに》』などだ。いずれも平安時代のものとされる古図で、そこにも「新羅州」「百済州」「百済郡」「百済川」「新羅池」などの名称が記されている。まるで朝鮮半島の縮図のような地図である。これらの地名はいつ、どのような理由で、誰が消去したのだろう。

現在の大阪府枚方市には百済王神社《くだらおうじんじゃ》と百済寺跡、東住吉区にはJR百済貨物ターミナル駅、平野区には百済橋がある。第4章2節で百済出身者の祖神・今木神《いまきのかみ》を祀《まつ》る平野神社《ひらのじんじゃ》を紹介したが、大阪を流れる現在の平野川はかつて「百済川」と呼ばれていた。

古代の難波は政治の中心地であった。7世紀半ばの「大化の改新」は首都・難波宮《なにわのみや》（現在の大阪市中央区）から発せられた。難波宮のすぐ隣が百済郡で、近くに外客を迎える高麗館《こまのむつろみ》や百済客館《くだらのまろうどむつろみ》などの公的施設もあった（※1）。このように朝鮮半島にあった国の名を冠した地名などが古代の首都中心部に多数あったのである。

同族の入植の地か

『日本書紀』によると、百済滅亡（660年）後に亡命した百済王族の善光《ぜんこう》（禅広）が664

年に難波に居住。すでに多くの百済人がこの地にいたのであろう。それが百済郡の置かれた所以《ゆえん》かもしれないが、それだけの理由だろうか。

世界を見渡せばこうした例はしばしば見られる。英国の植民地だった米国は、イギリスから渡った移民が祖国由来の地名をつけたことで知られる。イギリス南西部の港「プリマス」から新天地アメリカへ向けて出港したメイフワラー号が到着し入植した場所は今、マサチューセッツ州「プリマス」となっている。英国のヨーク公爵が占領した場所は今「ニューヨーク」と呼ばれ、英国のハンプシャーからとられた地名が「ニューハンプシャー」だ。また、ルイジアナ州は元フランス領であったが、ここはフランス国王ルイ14世にちなんでつけられた地名である。

中米にエル・サルバドルという名の国があるが、ここを植民地にしたスペインの言葉で「救世主」を意味する。「軍隊のない国」として知られるコスタリカもスペイン語で「豊かな海岸」という意だ。つまり、同族が移住・入植したか、何らかの支配関係がなければ、他国の名や言葉を地名・国名などとして勝手につけることはないのである。

「日本は三韓と同種なり」

平安時代初めに編纂《へんさん》された古代の氏族名鑑『新撰姓氏録《しんせんしょうじろく》』によれば、当時の首都圏に住む氏族の約3割が朝鮮半島と中国大陸の出身者だ。皇族を含む他の7割は「神が先祖」などと自称しているが、出自を偽り脚色しているのは明らかである。

中世で最も重要な歴史書とされる『神皇正統記《じんのうしょうとうき》』（南北朝時代の１３００年代。著者は南朝

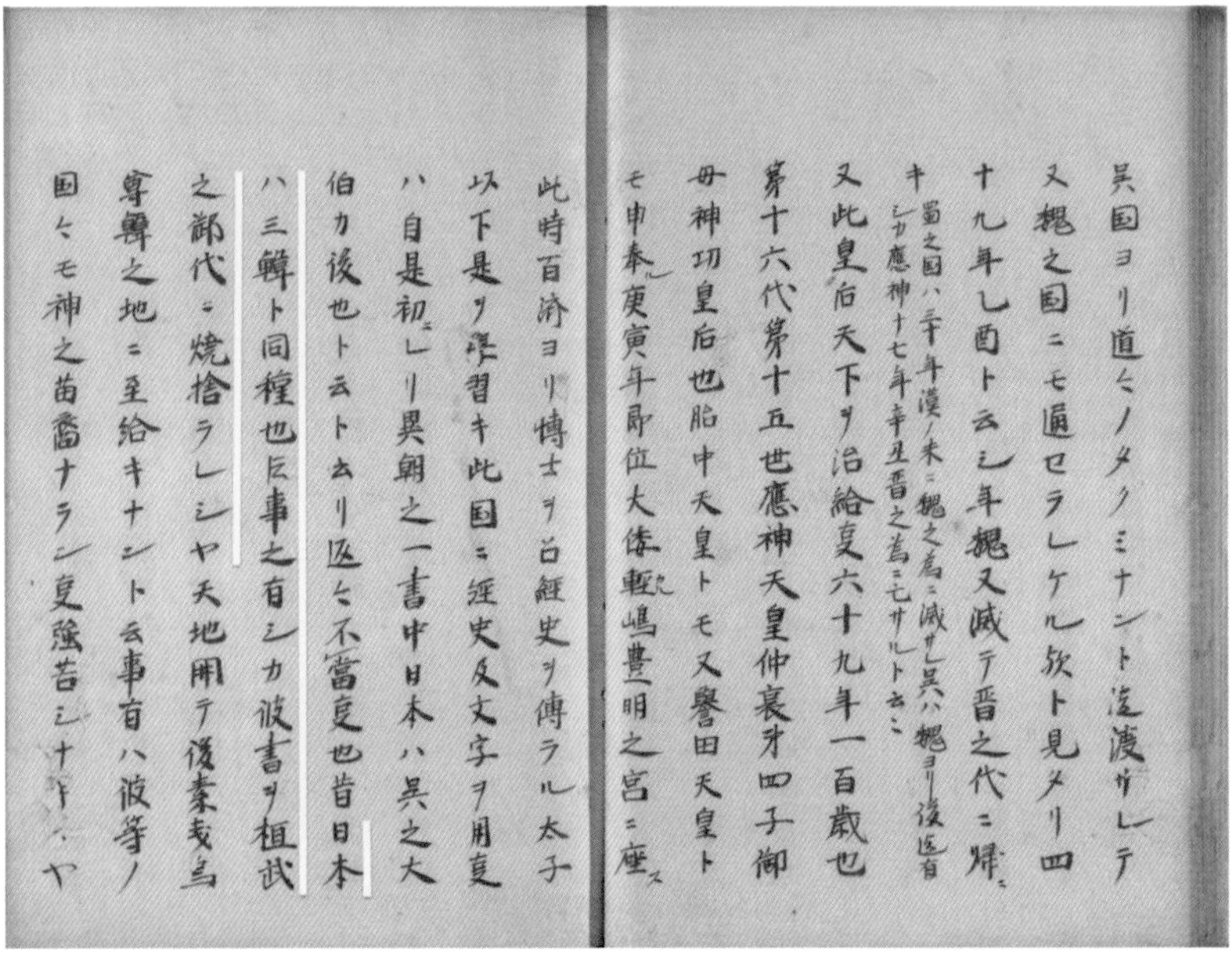
呉国ヨリ道々ノタクミナント渡サレテ
又魏之国ニモ通セラレケル欤ト見タリ四
十九年乙酉ト云シ年魏又滅テ晋之代ニ帰ス
キ蜀之国ハ二十年漢ノ末ニ魏之為ニ滅サレ呉ハ魏ヨリ後迄有シカ應神十七年辛丑晋之為ニモ亡サルト云ニ
又此皇后天下ヲ治給事六十九年一百歳也
第十六代第十五世應神天皇仲哀第四子御
母神功皇后也胎中天皇トモ又譽田天皇ト
モ申奉ル庚寅年即位大倭軽嶋豊明之宮ニ座ス
此時百済ヨリ博士ヲ召経史ヲ傳ラル太子
以下是ヲ学習キ此国ニ経史及文字ヲ用事
ハ自是初ニシリ異朝之一書中日本ハ呉之大
伯カ後也ト云ト云リ返々不當事也昔日本
ハ三韓ト同種也ト云事之有シカ彼書ヲ桓武
之御代ニ焼捨ラレシヤ天地開テ後素戔烏
尊韓之地ニ至給キナント云事有ハ彼等ノ
国々モ神之苗裔ナランシ事強苦シカラヌヤ

『神皇正統記』（国会図書館蔵）にある〈日本は三韓と同種也と云事のありしか。かの書を桓武《かんむ》の御代《みよ》に焼捨られし〉との記述（マーカー部分）

の公卿《くぎょう》・北畠親房《きたばたけちかふさ》）に次の記述がある。

〈日本は三韓《さんかん》と同種也《なり》と云事《いうこと》のありしか。かの書を桓武《かんむ》の御代《みよ》に焼捨《やきすて》られし〉

　三韓とは古くは朝鮮半島南部にあった「馬韓《ばかん》、弁韓《べんかん》、辰韓《しんかん》」を指し、のちは「高句麗《こうくり》、新羅、百済」（後三韓）を指す。桓武天皇の世（奈良時代末から平安時代初め）に「日本は三韓と同種」という出自をめぐる文書が焼き捨てられたというのである。

　法規制のある現代でも公文書改竄《かいざん》や隠蔽がまかり通っているので、古代においては言わずもがな。百済系の母（高野新笠《たかののにいがさ》）をもつ桓武はなにか考えるところがあったのだろうか。新羅系、百済系など、今で言う派閥が権力抗争に明け暮れるヤマト王権の負の歴史を葬り去るため、あえて出自を示す証拠文書を焼却させたのだろうか。
意図は不詳だが、列島の歴史は古代に隠蔽された可能性があり、平安期の首都圏にあった「百済郡」などの地名もいつしか消去されてしまったのである（※2）。

※1　直木孝次郎編『古代を考える　難波』（吉川弘文館）に詳しい。

※2　奈良県北葛城郡広陵町《こうりょうちょう》にも百済寺があり、「大字百済」の地名が残るほか、近くを流れる曽我川は百済川とも呼ばれた。島根県大田市《おおだし》に「百済浦（浜）」があり、熊本県葦北郡にはかつて「百済来村《くだらぎむら》」（現在の八千代市坂本町百済来）があった。そこには「久多良木《くたらぎ》城」跡もある。いずれも百済からの移住者が住んでいた場所である。

◇コラム　古代社会の構成

私たちが先祖から受け継いでいる名字、姓というものがあります。古代の名字はどうなっていたのでしょう。平安時代初期の815年に編纂された『新撰姓氏録《しんせんしょうじろく》』には、当時の首都圏である畿内《きない》（大和国《やまとのくに》、山背国《やましろのくに》、河内国《かわちのくに》、摂津国《せっつのくに》、和泉国《いずみのくに》の5カ国）に住む古代の氏族の祖先や氏名の由来などが記されています（※1）。

紹介されているのは合計1182の氏名《うじめい》で、「皇別《こうべつ》・神別《しんべつ》・諸蕃《しょばん》」に分けてあります。「皇別」とは日本神話に出てくる「神武《じんむ》」以来の皇族から分かれた人。「神別」とは「神武」以前の神々を祖先にもつ人。「諸蕃」とは「三韓」（高句麗、百済、新羅）や中国大陸に出自をもつ人のことです。その内訳は「皇別335氏、神別404氏、諸蕃326氏」。これに従えば3割近くが朝鮮半島と中国大陸の出身者になります。

ただ、他の7割にしても自分の先祖は神だなどと自称しているだけです。当時の権力構図、上下関係にしたがって、100年ほど前にできた『古事記』の神話に当てはめて支配層が自らの血統を虚飾・誇示していたものと思われます。

専門家はこの史料を「あまりあてにならない」などと言います。確かに疑問点は多いにしても、古代の列島はその中心部において大陸・半島系の移住者による居住支配が進んでいたことは、奈良の都以前に首都のあった大阪の中心部に「百済郡」「新羅州」「百済州」などがあったことからも分かります。

平安時代初期の人口は平安京内を12万人と仮定すると、全国で600万人台と推計されています（※2）。仮に畿内（首都圏5カ国）に100万人がいたとしたら、『新撰姓氏録』で紹介されている1182人はわずかその0.1％にすぎません。また、平安時代の貴族層は家族を含めて1000人ほど（平安京内の0.8％）しかいなかったようです。

となると、この『新撰姓氏録』で由緒ある氏族として紹介されている1182人以外の圧倒的多数の出身地はどこなのでしょう。弥生時代の人口は約60万人で、朝鮮半島などからの移住者が北部九州に稲作をもたらしたことで人口は爆発的に増え、奈良時代に人口は約450万人に達します。その他大勢の人たちは半島系および半島系と融合した先住民ということになるのでしょう。

※1　佐伯有清『新撰姓氏録の研究　本文篇』吉川弘文館、1962年。
※2　鬼頭宏『人口から読む日本の歴史』講談社学術文庫、2000年。

2　天皇家の守護神「園神」「韓神」
〜園神社、韓神社、漢國神社、春日大社

「私自身としては、桓武《かんむ》天皇の生母が百済の武寧王《ぶねいおう》の子孫であると、続日本紀《しょくにほんぎ》に記されていることに、韓国とのゆかりを感じています」（2001年12月18日、当時の天皇・明仁）。これは2002年の日韓サッカーW杯を前にした会見時の発言である。天皇自らが朝鮮半島とのつながりに言及したとして当時話題となった。武寧王《ムニョンワン》については第2章7節で紹介し、桓武の生母・高野新笠《たかののにいがさ》についてもたびたび触れてきた。ここでは、天皇家ゆかりの神を見ていこう。

朝鮮半島発祥の大和族

神話の時代から645年の「大化の改新」あたりまでを「上古《じょうこ》」と呼ぶ。本書で何度か紹介した『吉備郡史』（岡山県吉備郡教育会発行）の中に、その上古の列島の姿が次のように記されている。

上古の列島には「土蜘蛛《つちぐも》、国栖《くず》、飛驒《ひだ》、蝦夷《えみし》、熊襲《くまそ》」などが土着し、そこに朝鮮半島から「大和族」が来て土着族を平定する。大和族とは「大山祇《おおやまづみ》、出雲《いずも》、高千穂《たかちほ》」の3派で、いずれも朝鮮

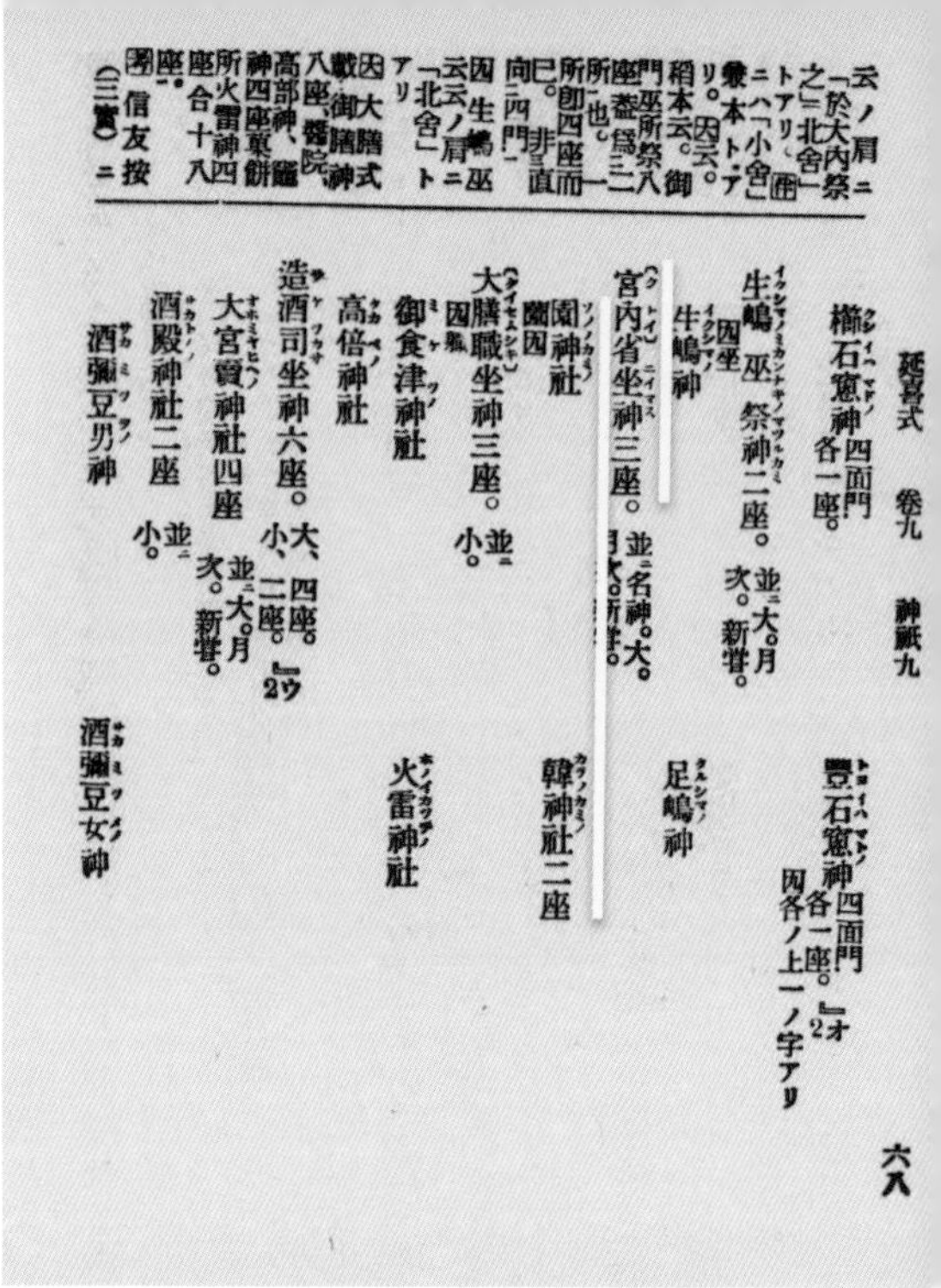

延喜式　卷九　神祇九

六八

櫛石窻神四面門各一座。

豐石窻神四面門各一座。『2オ
㊂各ノ上一ノ字アリ

生嶋巫祭神二座。並ニ大。月次。新嘗。
㊂座

生嶋神

足嶋神

宮内省坐神三座。並ニ名神。大。月次。新嘗。

園神社
韓神社二座
䦨㊂

大膳職坐神三座。並ニ小。
㊂瓱

御食津神社

火雷神社

高倍神社

造酒司坐神六座。大、四座。小、二座。『2ウ

大宮賣神社四座
並ニ大。月次。新嘗。

酒殿神社二座
並ニ小。

酒彌豆男神

酒彌豆女神

云ノ肩ニ「於大内祭之」ニ北舍一トアリ、㊅ニハ「小舍」衆本ト・アリ。㊂云。稻本云。御門巫所祭八座、萘爲二所也。一所御四座、而已。非ニ直向ニ四門一

㊂生嶋巫云云ノ肩ニ「北舍」トアリ

㊂大膳式載御膳神八座、醬院高部神、餅鐺神四座、菓餅所火雷神四座合十八座ニ。

㊄信友按ニ(三實)ニ

国会図書館や宮内庁の図書寮文庫が公開している『延喜式』9巻にある〈園神社〉〈韓神社二座〉の記述（右側マーカー部分）。左は『延喜式』10巻の表紙（いずれも国会図書館蔵）

半島が発祥地。高千穂派の中心にいて九州・日向《ひゅうが》から列島の東に向けて支配を広げ、大和の地で王権を築いたのが初代大王《おおきみ》の神武《じんむ》である……。

神武の実在を信じる専門家はほとんどいないが、この一文で注目されるのは「大和族3派」の発祥地がすべて朝鮮半島だと断じている点だ。第2章5節「現人神社《あらひとじんじゃ》」の項で「神武新羅《しらぎ》人説」に触れたが、それとやや重なる内容である。『吉備郡史』の発刊は1937年。天皇主権、不敬罪の時代の真っ只中であるが、天皇家の祖先が朝鮮半島出身であると明記しても問題視された形跡はない。

さて、神話では皇室の祖は女王・天照《あまてらす》であるが、実際に天皇家が代々祀《まつ》ってきた「守り神」がある。

宮中36神の最古の神

古代に天皇家の守護神とされたのは『延喜式《えんぎしき》』神名帳に「宮内省坐神三座《くないしょうざしんさんざ》」と記される「園神《そのかみ》」

と「韓神《からかみ》」である。宮中36神の最古神とされ、「園神は新羅の神」「韓神は百済の神」とされる（※1）。平安時代には宮中で盛大に「園韓神祭《そのからかみのまつり》」が催された。中世になって廃絶したようであるが、現在も宮中で催される御神楽《みかぐら》にその精髄が継承されているという。

２０１９年に挙行された皇位継承の儀式・大嘗祭《だいじょうさい》の最後を飾ったのが同年12月４日の「賢所《かしこどころ》御神楽《みかぐら》の儀」であった。非公開のため現在の内容は分からないが、文献（※2）によれば、賢所の庭に庭燎《にわび》を焚《た》き、笛や篳篥《ひちりき》、和琴《わごん》の伴奏で神楽歌が歌われる。その神楽歌の一つに『韓神《からかみ》』があり、次の一節を歌って宮中に韓神を迎える。

〈三島木綿《みしまゆう》　肩にとりかけ　われ韓神の　韓招《からお》ぎせむや　韓招《からお》ぎせむや〉

「招ぎせむや」とは、「お招きしましょう」という意味である。なぜ宮中に百済の神を招いて祭儀を行なうのか。なぜ天皇家の守り神が最古神である新羅の神と百済の神なのか……。そこにルーツがなければ説明がつかない。

「漢の国」の神社から平安京へ

奈良市の中心部、「漢《あや》の国の町」と書く漢国町《かんごくちょう》に園神と韓神を祀る漢國神社《かんごうじんじゃ》がある。同社由緒によれば、６世紀末に同社に園神が祀られ、奈良時代初めの７１７年に藤原不比等《ふじわらふひと》が韓神二座を加えた。その後、園神と韓神は８５９年に平安城の宮内省に皇室の守護神として祀られた。

第３章５節「東国三社」の項で触れた藤原氏の旧姓は中臣氏《なかとみし》で、天孫降臨に随伴した一族が先祖とされるので、『吉備郡史』に従えば、朝鮮半島から来た「大和族」の一員であったことになる。藤原氏の氏神を祀る春日大社《かすがたいしゃ》（奈良市）もヤマト王権と天皇家が重視した「上七社《かみしちしゃ》」の一つである。

園・韓神は平安京遷都以前に山城《やましろ》（京都）の地を治めていた新羅系の秦氏《はたし》が祀った神との説もあるが、いずれにせよ、新羅と百済の神が、京に都が遷《うつ》されると皇室の守護神として宮内省に祀られたという経緯だ。そして、前章2節「平野神社」の項でも紹介したように、平安京に遷都したのは、百済系の母をもつ桓武天皇であった。

宮内庁に確認すると、園神と韓神は現在も東京都千代田区の皇居内にある「宮中《きゅうちゅう》三殿《さんでん》」に祀られているという。

※1　芸能史研究会編『神楽　古代の歌舞とまつり　日本の古典芸能1』（平凡社）。

※2　土橋寛『古代歌謡と儀礼の研究』（岩波書店）などに詳しい。

藤原氏の氏神を祀る奈良市春日野町の春日大社

奈良市の中心部・漢国町にある漢國神社

◇コラム　平安京の光と影

園神・韓神が祀られた平安京について触れておきましょう。

平城京から長岡京への遷都（784年）後、皇室内の不幸や洪水被害（792年）などの凶事が重なったことから、桓武天皇はわずか10年弱で新たな造都を決断します。築かれたのが平安京です。平安京への遷都（794年・延暦13年）により平安時代が始まり、以後、19世紀後半の明治時代に至るまで1000年余にわたり日本の首都になりました。

新都の場所は「四神相応《しじんそうおう》の地」が選ばれました。四神とは四方を守る神（東は青龍、西は白虎、南は朱雀、北は玄武）のことで、相応する地形とは東に流水、西に大道、南に汚地（窪んだ湿地）、北に丘陵がある土地のことです（※1）。平安京の東には流路を変更された賀茂川が流れ、西側に山陰道、南に湿地帯の鳥羽津《とばつ》、北には船岡山《ふなおかやま》があります。

造営地は山城国《やましろのくに》（山背国）の愛宕郡《おたぎぐん》と葛野郡《かどのぐん》にまたがっていました。ここに根を張っていたのは第4章で紹介した新羅系の渡来氏族・秦《はた》一族です。平安京の区域は東南にある伏見稲荷大社と西側の広隆寺・松尾大社に挟まれており、これら寺社はいずれも秦一族の創建です。また、初代造宮大夫《ぞうぐうたいふ》（長官）となった藤原《ふじわらの》小黒麻呂《おぐろまろ》の妻は秦氏の娘であったことから、平安京の造営には秦氏の協力があったのでしょう。秦一族は養蚕などの殖産のほか、現在の渡月橋あたりにあったとされる葛野《かどの》大堰《おおい》などの治水・灌漑事業、京都の南の端・現在の木津川市にあった恭仁《くに》宮《きゅう》の宮殿建築にも携わっていることから、造営地をはじめ労働力・技術の提供まで幅広い協力が想定されます（※2）。

中国・唐の長安京を模したとされる平安京は東西4・7キロメートル、南北5・7キロメートル、総面積26・79平方キロメートルで、長岡京と同じ面積であり、長安京のおよそ3分の1でした。朱雀大路が中央を南北に貫き、両側に左京と右京、北側中央に天皇の居所である内《だい》裏《り》とそこを囲む大内裏が置かれ、南端に正門としての羅城門《らじょうもん》が建ちます。

京内は南北に一条から九条、東西に四坊という条坊制によって区切られ、各坊は一辺40丈（約１２０メートル）四方の16の町から成り立っていました。京内の住人は貴族官人と百姓を含み「京戸《きょうと》」と呼ばれました。他所・他国から流入する民も多く、物乞いや浮浪者も多くいたようです。京内の行政・司法・警察にあたる「京職《きょうしき》」が置かれ、京内を管轄しました。七条には左右に東市・西市が置かれ、さまざまな物品が売買されて老若男女で賑わったといいます。

花の都と謳《うた》われた平安京ですが、京内は男女ともに道路で排便をするなど非衛生な場所で、飢饉《ききん》ともなれば散乱した死体の腐臭が漂いました。天皇や上級貴族は中国伝来の「触穢思想《しょくえ》」によって汚穢《おえ》・不浄を遠ざけようとし、その処理を弱者に押しつけました。きらびやかなイメージのある平安貴族の社会を支えていたのはそうした人たちでした。葬送の地も葛野郡と紀伊郡の京外各１カ所に限り、京内での葬送を禁止しました。汚穢・不浄の処理をする人々は穢《けが》れ多き者として「穢多《えた》・非人《ひにん》」と呼ばれ、生理・出産で出血する女性も不浄とされるなど、後世にわたる差別の根源となったのです（※１）。平安京の光と影が浮き彫りになります。

９世紀初めに東北蝦夷を征服し、ようやく本州を統一したヤマト王権ですが、その統治は長く続きません。平安造都から３００年ほど経った平安後期（11世紀中頃以降）になると、王権の衰退を象徴するように大内裏は廃墟同然の荒れ地になってしまいました。やがて、序章で述べたように以後７００年にわたる武家政権による統治の時代がやって来ます。

※１　脇田修・脇田春子『物語　京都の歴史　花の都の二千年』中公新書、２００８年。
※２　加藤謙吉『渡来氏族の謎』祥伝社、２０１７年。

3

閉じられた歴史を開けよ
～応神天皇陵、箸墓古墳

本書では、「祈りの場」から見た古代日本の姿を浮き彫りにしてきた。しかし、朝鮮半島との深い関わりについては広く認知されていない。問われるべきは、歴史に対する態度である。

「上七社」（※1）や天皇家の守り神（園神・韓神）をはじめとした列島の「祈りの場」と朝鮮半島との関わりが、なぜ多くの人に知られていないのだろう。

近代天皇制と国家神道の罪過

そもそも日本固有のものとされる「神道」という言葉自体、中国から伝わったもので、当初は「じんどう」

「応神天皇陵」とされる場所（大阪府羽曳野市）

と濁音で読み「仏教下の神々」を指す仏教語だったことを、井上寛司氏が著書『神道の虚像と実像』で紹介している。「しんとう」と清音で呼ばれるようになったのは14世紀の室町時代以降という（※2）。

明治から昭和期にかけて皇室祭祀《さいし》と神社神道を結びつけて政治的に偽装されたのが国家神道と近代天皇制であった。天皇・皇室を崇《あが》めさせ、国民を自立した個人でなく「臣民《しんみん》」とし、自国の優越をことさら強調することで他国蔑視を根付かせ、大陸・半島との交流・友好の歴史に蓋《ふた》をしてしまった。敗戦後はＧＨＱ（連合国軍最高司令官総司令部）により国家神道が解体され、象徴天皇制となり、日本人は自分たちの手で摑《つか》むことができなかった民主主義を手にした。

しかし、その後も皇室神道（皇室祭祀）は残り、温存された差別構造が今のヘイト（差別・憎悪）につながっている。マスメディアは依然として皇族にだけ「さま」をつけて呼ぶ。たまたま天皇家に生まれたというだけで崇めたてるのは、たまたまどこかの国に生まれたというだけで蔑視するのと本質的に変わらない。自分の意志や努力ではどうにもならない出自によって尊称をつけたりつけなかったりすることは差別であるが、日本ではそのことが正面から議論されず、また、そのような疑問をもつ人間を社会に送り出さないような愛国教育が進められている。

宗教学者の島薗進《しまぞのすすむ》氏は『国家神道と日本人』の中で「国家神道は解体したのか？」と疑問を呈しているが、保守政治と一体化して天皇崇敬運動とともに政治的運動体と化している神社本庁および関連団体の神道政治連盟などの動きを見ると、その疑問・指摘はまさに正鵠《せいこく》を射ている。「祈りの場」を偽装しただけでなく、歴史をも歪めてきたのが歴代日本政府の歴史に対する態度であった。そして、それは今も続いている。

21世紀に初の天皇陵調査

２０１１年2月24日に大阪府羽曳野市《はびきのし》にある「応神天皇陵《おうじんてんのうりょう》」とされる前方後円墳で史上初の学術調査が実施された。調査が21世紀になって初めて行なわれたという未開性には驚かされるが、考古学会や歴史学会による度重なる調査の要請を、宮内庁はことごとく拒否し続けてきたのである。しかも「初の学術調査」と銘打ちながら、墓の内部への立ち入りはさせず、採取や発掘も許されず、徒歩で内堀をぐるっとめぐって観察するだけという茶番のような調査だった。

古代からの天皇の墓がどこにあるか、近世になるともう全く分からなくなっていた。盗掘されている場所も多く、原型をとどめていないものも少なくないだろう。現在「天皇陵」とされている場所は、江戸時代末から明治にかけて『日本書紀』などの記述を元に天皇主権の国体にする政治的意図をもって決められていった。したがって、そこが本当に応神の墓なのかどうか学術的には全く不明である。

宮内庁が私たちの税金を使って管理する天皇・皇族の陵墓《りょうぼ》の数は７４３、参考地などを含めると総計８９９（同地域もあり４６０カ所）に及ぶ。しかし、「初代」とされる神武《じんむ》から第42代とされる文武《もんむ》までの陵墓で、これは真に◯◯天皇の墓だと言えるのは10基しかないと、考古学の泰《たい》斗《と》である故・大塚初重氏が著書『古代天皇陵の謎を追う』で指摘している（※３）。

箸墓古墳は卑弥呼の墓？

第7代大王《おおきみ》とされる孝霊《こうれい》の娘・百襲姫《ももそひめ》の墓だと宮内庁が指定する奈良県桜井市の箸墓古墳《はしはかこふん》は、全長約280メートル、高さ約30メートルの巨大な前方後円墳だ。築造年代が3世紀中頃と推定されると、ちょうどその頃（248年）に没した邪馬台国《やまたいこく》の女王卑弥呼《ひみこ》の墓ではないかと物議騒然となった。しかし、学術的な発掘が許されないため真偽は不明のままである。

3～4世紀の古墳は邪馬台国やヤマト王権の成り立ちの謎を解く可能性を秘めているが、日本政府はまともな調査をさせない。明らかになると、なにか困ることでもあるのだろうか。

真の歴史へのアプローチを

本書のテーマから逸《そ》れるが、「万世一系《ばんせいいっけい》」は記紀神話による捏造《ねつぞう》であり、倭国の王権は半島の勢力から幾度も簒奪《さんだつ》されたと具体的に論証する研究者も複数いる（※4）。このこともまた、社会的に広く知られていない。序章の「神話と洗脳の時代」で触れたように、私たちはまだ神話を事実である「かのように」思わされ、そこで思考停止したまま〝古代の闇〟の中にいるようだ。

自分の国の歴史や本当の姿を知ることができない民主主義国家などありえない。それを明らかにするのは主権者である私たちの権利であり、この列島に暮らし血と汗と涙を流して現在の郷土を築いた先人への義務でもある。

〝古代の闇〟に光が当てられるとき、東アジアの新たな歴史が照らし出されるだろう。

※1　上七社とは「伊勢神宮、石清水八幡宮、賀茂（上賀茂、下鴨）神社、松尾大社、平野神社、伏見稲荷大社、春日大社」の七社。第3章1節「〝世界システム〟への対応」参照。
※2　井上寛司『神道の虚像と実像』（講談社学術新書）に詳しい。
※3　大塚初重『古代天皇陵の謎を追う』（新日本出版社）。
※4　畑井弘『古代倭王朝論　記紀伝承の虚実』（三一書房）など。

◇コラム　なぜ天皇陵や古墳の調査を許可しないのか

考古学会や歴史学会がたびたび天皇陵や古墳の発掘を要請しても、日本政府・宮内庁はことごとく拒否してきました。文化財保護法の適用外として、謎の解明を拒んできたのです。その理由について、かつて宮内庁の調査官が新聞のインタビューでこう答えています。「陵墓は皇室の祖先のお墓です。今も祭祀が執り行われています。静安と尊厳を保つのが本義です」（注）。つまり、研究者は「真実を知りたい」、宮内庁は「皇室の尊厳を守りたい」という対立構造があります。

とはいえ、天皇陵の多くは古代から中世、近世にかけて盗掘などの被害を受けています。すでに「尊厳」が損なわれている場所が多いのです。きちんとした発掘調査をすれば、その実態が判明します。宮内庁は「保護」「保全」一点張りですが、本当に「保護」「保全」をしたいのであれば、まずは現状がどうなっているのかを調べ、学術的にその希少性や価値を推し量り、何をどのように保護・保全していくのかを明確にする必要があるでしょう。学術調査に及び腰だというのは、穿《うが》った見方をすれば、皇室を崇《あが》める人たちにとって明らかになると困ること、隠したいことがあるのではとの疑念を呼びます。

本当の「尊厳」とは、歴史的事実を明らかにし、その文化的価値を共有することで、誰から言われなくても人の心に自ずと生じてくるものです。その機会を失わせていることは、主権者たる国民にとって（皇室にとっても）不幸なことのように思われます。

（注）日本経済新聞「ＮＩＫＫＥＩ ＳＴＹＬＥ」２０１０年11月27日付。
https://www.nikkei.com/article/DGXBZO18843180V21C10A1000000/

宮内庁「古市陵墓監区事務所」の管理する「応神天皇陵」の入口

邪馬台国の女王・卑弥呼の墓との説もある「箸墓古墳」（奈良県桜井市）

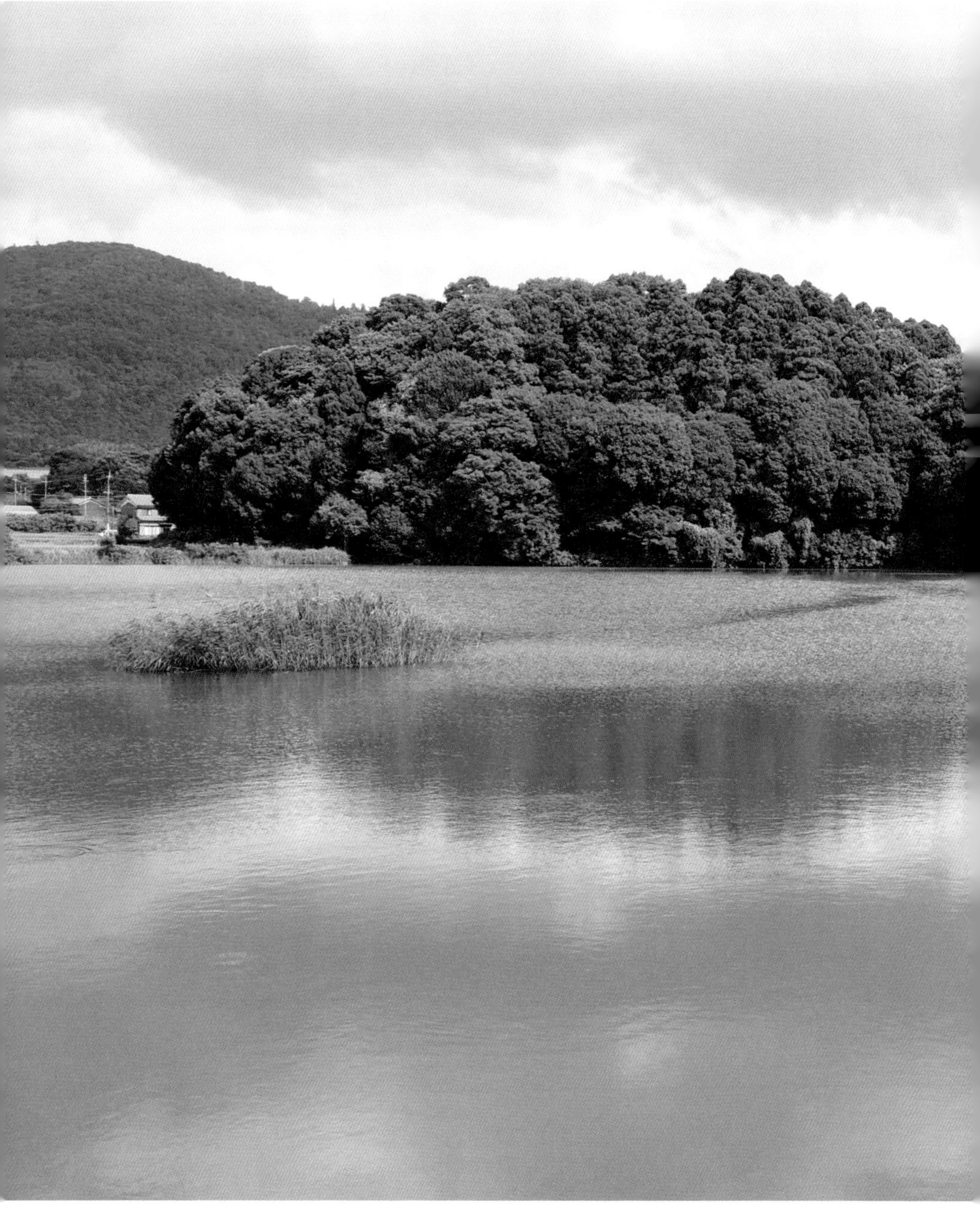

おわりに～列島は半島の人々の入植地なのか

「大和族《やまとぞく》は朝鮮半島より来て土着族を平定綏撫《へいていすいぶ》せし民族」で、「大山祇《おおやまづみ》派、出雲《いずも》派、高千穂《たかちほ》派の三派に分れたり。何れも皆韓半島を其《そ》の発祥地とし、大八洲《おおやしま》（日本列島のこと）を以《もっ》てその活動舞台とす」。本書でたびたび紹介した『吉備郡史《きびぐんし》』（永山卯三郎著、岡山県吉備郡教育会、1937年発行）の「第一編　上古」にある記述の抜粋である。

著者の永山卯三郎（1875～1963年）は岡山県立師範学校の教員で、郷土史の研究家として『岡山県通史』（1930年刊）などの執筆・編纂《へんさん》にも関わり、1952年には岡山県文化賞を受賞している。永山は勁烈《けいれつ》な天皇崇拝者であり、二十有余年の資料蒐集《しゅうしゅう》の末に『吉備郡史』を脱稿した。

永山によれば、「高千穂派」の首領が「神武」で、のちの天皇家の祖先となって日本を統一する（ただ、その後も別の半島勢力による王権の簒奪《さんだつ》・交替が何度かあったようだが）。つまり、日本は朝鮮半島出身者の「活動の舞台」として築かれた国であるというのだ。この主張に基づく『吉備郡史』が、盧溝橋事件や南京大虐殺など日本軍が中国侵略を本格化させた天皇主権時代の真っ只中である1937年に発刊されたのである。

こうした主張は永山だけのものではない。江戸時代後期の国学者・平田篤胤《ひらたあつたね》（1776～1843年）らによって骨格がつくられ、明治以後に歴史学者の喜田貞吉《きたさだきち》（1871～1939

年）や言語学者の金沢庄三郎《かなざわしょうざぶろう》（1872～1967年）らが唱えた「日鮮同祖論」において「日本人と朝鮮人の祖先は同じである」旨の主張が展開された。これは朝鮮半島の支配、すなわち韓国併合・同化政策（1910年）を正当化する政治的策動に利用されたが、「日本人と朝鮮人の祖先は同じ」という考えは皇国史観に基づく国粋主義者たちにも共有されていたと見るべきである。

永山らの主張が事実であるとすれば、列島は天皇家を筆頭とした半島勢力による入植の地ということになる。1620年にメイフラワー号で新天地アメリカに渡ったイングランド人のピルグリム（巡礼者）たちが現在のマサチューセッツ州プリマスに入植し、彼らが「インディアン」と呼んだ土着の先住民たちと衝突（および虐殺）を繰り返しながら支配を広げていったように。その構図は、はるか上古の時代の半島と列島の関係を想起させる。

船に乗ってやって来た半島の民は、大陸から得た知識や技術をもって温暖湿潤の良地を開拓する。その過程で造られたのが「祈りの場」であったのだろう。本書において繰り返し指摘したように、その「祈りの場」をめぐる数々の逸話とそこから透けて見える事実らしきものは、列島が海神《わたつみ》の民による入植地であった蓋然性が高いことを示していまいか。

もともと半島から来たのなら「任那《みまな》」（加羅）に活動拠点を置くことも容易で、近親縁者のいる国や一族への分不相応とも思える軍事支援に行くことも、百済人から（おそらく百済語で）漢字を学んだりすることも理解できよう。天皇陵などの古墳が考古学の光でくまなく照らされれば、さらに詳しいことが判明するだろう。列島が半島民による入植地であったかどうか、その判断は読者諸氏に委ねることとし、「古代の終わり」についても触れておこう。

古代日本は中国を手本とし、朝鮮半島経由で入ってきた文化や技術を吸収することで、懸命に「独り立ち」する努力を重ねていた。はるか先をゆく中国の背を見ながら遣隋使・遣唐使を送り込み、律令国家づくりを進めていく。やがて、菅原道真が「遣唐使の廃止」を建議し、自身も乗るはずだった20回目の遣唐使船の出航が見送られた（894年）。一度に500人もの人を幾隻かに分乗させ、唐に渡って先進文化や技術を学ばせ、それを国内に持ち帰るという役目を担っていた遣唐使の派遣であったが、船はたびたび遭難して多くの犠牲者を出していた。また、当時の唐は政治的な混乱もあって、「大唐」と称えられたかつての栄華も色褪せていた。

「多大な犠牲を払う危険を冒してまで、もう唐に学ぶべきものはない」。道真の真意がそうであったかどうか定かではないが、遣唐使はその後復活することなく、907年に唐は滅びる。一方、百済と高句麗を滅ぼして7世紀後半に半島を統一した新羅（統一新羅）も935年に滅亡した。手本を失った日本は以後、いわゆる国風化が進み、現在に続く日本の色と柄を織り成してゆく。

万葉仮名から「ひらがな」をつくり普及していくのもこの頃のことで、唐の制度にならった律令の施行細則をまとめた日本独自の法典『延喜式《えんぎしき》』の編纂が本格化するのもこの頃だ（927年完成）。中世の始まりは平安時代後期（11世紀後半）とされるが、中期（900年頃以降）にはすでに「日本古代の終わり」が始まっていたのである。

それから1000年近くを経て、「アジアにはもう学ぶべきものはない」とばかりに、手本を欧米に乗り換えた明治期の日本は、本書の冒頭で記した近代の「偽装と洗脳」を展開する。この罪深き所業によって、私たちは古代日本の本当の姿を見失い、戦争に加担した神道や仏教への信頼を失くし、「祈りの場」あるいは「祈る行為」への眼差しをも失ったのである。

「過去をコントロールするものが未来をコントロールする」とは、英国の小説家ジョージ・オーウェルの『一九八四年』で語られる言葉だ。「現在をコントロールするものが過去をコントロールする」と続く。古代日本の本当の姿を多くの人が知るようになれば、未来は違ったものになるかも知れない。私が古代史に関心をもつのは、「現在を支配するものが過去をコントロール」している今の歴史や教育をめぐる現実に懐疑的だからである。歴史も教育も未来に開かれたものでなければならない。過去を閉じてしまっては、未来も閉じられてしまう。

なお、本書の主要部分はまず獨協大学の総合講座で紹介し、それをもとに全日本民主医療機関連合会の出す月刊誌『いつでも元気』で連載（2022年1月号〜2023年12月号）した。それにいくつかの項を書き加えたのが本書である。先達の研究成果に感謝と敬意を表する。

また、獨協大学の本田浩邦教授と『いつでも元気』の新井健治編集長には公私共にお世話になり、連載の読者諸氏にも勇気と励ましをいただいた。優美かつ独創的な書名タイトルをものしてくれた創作書家・優和恵さんと、新日本出版社の角田真己社長のお力添えにも感謝したい。最後に、本書を読み終えてくれた方々に心より感謝を申し上げ、筆を擱《お》く。

2023年12月　片岡伸行

〈参考文献一覧〉


直木孝次郎『日本神話と古代国家』講談社学術文庫、１９９０年。

松木武彦『列島創世記　日本の歴史――旧石器・縄文・弥生・古墳時代』小学館、２００７年。

岩井忠熊『近代天皇制のイデオロギー』新日本出版社、１９９８年。

上垣外憲一『倭人と韓人　記紀からよむ古代交流史』講談社学術文庫、２００３年。

春成秀爾「弥生青銅器の成立年代」２００７年3月、国立歴史民俗博物館研究報告。

那須浩郎「雑草からみた縄文時代晩期から弥生時代移行期におけるイネと雑穀の栽培形態」２０１４年7月、国立歴史民俗博物館研究報告。

李昌煕「韓半島における初期鉄器の年代と特質」２０１４年2月、国立歴史民俗博物館研究報告。

篠田謙一『日本人になった祖先たち――ＤＮＡから解析するその多元的構造』ＮＨＫブックス、２００７年。

鳥越憲三郎『古代中国と倭族――黄河・長江文明を検証する』中央公論新社、２０００年。

岡谷公二『沖縄の聖地　御嶽――神社の起源を問う』平凡社新書、２０１９年。

李春子『八重山の御嶽――自然と文化』榕樹書林、２０１９年。

鳥越憲三郎『古代朝鮮と倭族　神話解読と現地踏査』中公新書、１９９２年。

金達寿『日本の中の古代朝鮮』學生社、１９７９年。

加藤謙吉『渡来氏族の謎』祥伝社、２０１７年。

藤巻正之編『稲荷百話』伏見稲荷大社、１９５９年。

坂本太郎・家永三郎・井上光貞・大野晋／校注『日本書紀（三）』岩波文庫、1994年。

金容雲『「日本＝百済」説』三五館、2011年。

出羽弘明『新羅神社と古代日本』同成社、2016年。

伊藤聡『神道とは何か——神と仏の日本史』中公新書、2012年。

鬼頭宏『人口から読む日本の歴史』講談社学術文庫、2000年。

小泉保『縄文語の発見』青土社、2013年。

上田正昭『帰化人——古代国家の成立をめぐって』中公新書、1965年。

水野祐『古代の出雲と大和』大和書房、1994年。

岡谷公二『神社の起源と古代朝鮮』平凡社新書、2013年。

岡谷公二『伊勢と出雲——韓神と鉄』平凡社新書、2016年。

吉野裕訳『風土記』平凡社ライブラリー、2000年。

秋本吉徳全訳注『常陸国風土記』講談社学術文庫、2001年。

滝川幸司『菅原道真——学者政治家の栄光と没落』中公新書、2019年。

高橋克彦『東北蝦夷の魂』現代書館、2013年。

西本昌弘『桓武天皇——造都と征夷を宿命づけられた帝王』山川出版社、2013年。

仁藤敦史「『日本書紀』編纂史料としての百済三書」国立歴史民俗博物館研究報告、2015年。

上田正昭『私の日本古代史（上）天皇とは何ものか——縄文から倭の五王まで』新潮選書、2012年。

佐伯有清・編訳『三国史記倭人伝――他六篇・朝鮮正史日本伝1』岩波文庫、1988年。

島薗進『国家神道と日本人』岩波新書、2010年。

栗田寛『古風土記逸文考証』(巻二・伊賀)帝国教育会出版部、1936年。

『神長官守矢史料館のしおり』茅野市神長官守矢史料館、1991年。

末松保和『新羅史の諸問題』東洋文庫、1954年。

中西進『古代史で楽しむ万葉集』角川ソフィア文庫、2010年。

宇治谷孟・全現代語訳『続日本紀(上・中)』講談社学術文庫、1992年。

宇治谷孟・全現代語訳『続日本紀(下)』講談社学術文庫、1995年。

金達寿『日本古代史と朝鮮』講談社学術文庫、1985年。

杉山二郎『大仏建立』学生社、1968年。

森博達『日本書紀の謎を解く――述作者は誰か』中央公論新社、1999年。

佐藤信編『古代史講義――邪馬台国から平安時代まで』ちくま新書、2018年。

直木孝次郎『日本古代国家の成立』講談社学術文庫、1996年。

直木孝次郎編『古代を考える――難波』吉川弘文館、1992年。

畑井弘『物部氏の伝承』講談社、2008年。

佐伯有清『新撰姓氏録の研究　本文篇』吉川弘文館、1962年。

岩佐正・校注『神皇正統記』岩波文庫、1975年。

中西進『万葉歌人の愛そして悲劇――憶良と家持』NHKライブラリー、2000年。

朴春日『古代朝鮮と万葉の世紀』影書房、2015年。

芸能史研究会編『神楽――古代の歌舞とまつり　日本の古典芸能1』平凡社、1969年。

土橋寛『古代歌謡と儀礼の研究』岩波書店、1965年。

脇田修・脇田春子『物語　京都の歴史――花の都の二千年』中公新書、2008年。

井上寛司『神道の虚像と実像』講談社学術新書、2011年。

大塚初重『古代天皇陵の謎を追う』新日本出版社、2015年。

大塚初重『邪馬台国をとらえなおす』講談社現代新書、2012年。

畑井弘『古代倭王朝論――記紀伝承の虚実』三一書房、1997年。

ケヴィン・ジャクソン著・大野昌子訳『メイフラワー号　地獄の航海』

ASIN：B00WGR9DC6、2015年。

ジョージ・オーウェル著、高橋和久訳『一九八四年　新訳版』早川書房、2009年。

〈**扱った史料**〉

『八幡宇佐宮御託宣集』、『吉備郡史』（上巻）、『延喜式』、『浪華上古図』、『神皇正統記』、『八阪社舊記集録』、『古風土記逸文考証』（以上、国立国会図書館蔵）。

『現人神社略縁起』（林家文書）香春町教育委員会保管。

『土地境界争い裁定の彩色絵図』伊勢市中村町共有財産自治会保管。

片岡伸行（かたおか・のぶゆき）
1954年、静岡県富士宮市生まれ。日刊新聞・週刊誌の編集・記者を経て、2022年2月以降フリーの文筆業。東京都在住。

ブックデザイン　菊地雅志

神々《かみがみ》のルーツ——「祈《いの》りの場《ば》」から見《み》た古代日本《こだいにほん》

2024年2月10日

著　者　　片　岡　伸　行
発行者　　角　田　真　己

郵便番号　151-0051　東京都渋谷区千駄ヶ谷4-25-6
発行所　株式会社　新日本出版社
電話　営業03（3423）8402
編集03（3423）9323
info@shinnihon-net.co.jp
www.shinnihon-net.co.jp
振替番号　00130-0-13681
印刷・製本　光陽メディア

落丁・乱丁がありましたらおとりかえいたします。

ISBM978-4-406-06790-4　C0021　Printed in Japan